LE PREMIER LIVRE DE L'ENFANCE, OU MÉTHODE POUR APPRENDRE A LIRE;

Avec des Figures, et des avis pour bien s'en servir.

Quiconque sait lire, sait le plus difficile de tous les arts, s'il l'a appris par la méthode vulgaire. (*DUCLOS, Gram. gén.*)

TROISIÈME PARTIE,

CONTENANT le Perfectionnement de la Lecture.

A PARIS,

Chez { CHARLES BELLONI, rue Notre-Dame de Nazareth, N°. 30;
BARBOU, Libraire, rue des Mathurins;
NYON le jeune, place des Quatre-Nations;

Et à VENDOME,

Chez SOUDRY, Imprimeur-Libraire.

AN IX. — 1801.

AVIS GÉNÉRAUX.

Les jeunes lecteurs ne doivent être admis à l'étude de cette troisième partie, que lorsqu'ils seront en état de lire couramment tous les mots des deux premières.

La lecture prématurée des livres nuit beaucoup aux progrès des élèves. C'est une observation que nous avons eu lieu de faire sur plusieurs enfans à qui l'on montroit à lire dans des méthodes mal graduées.

Tant que les enfans ne sont pas assez exercés pour saisir, d'un coup d'œil, l'ensemble de plusieurs syllabes et même de plusieurs mots, la lecture des phrases est pour eux un travail trop pénible. Forcés de lire en hésitant, ils contractent au moins l'habitude d'une prononciation incertaine et traînante ; et le plus souvent la fatigue qu'ils ont éprouvée dès les premiers pas, les a tellement prévenus et effrayés, que chaque fois qu'il faut commencer la leçon, et qu'ils y trouvent la moindre difficulté, le dégoût les gagne, l'ennui s'empare de leur âme ; et ils tombent dans une sorte d'engourdissement devant le livre, à moins qu'ils ne saisissent quelques objets de distraction qui les réveillent,

C'est ainsi que des enfans qui ne manquent

point de dispositions naturelles pour apprendre, ne laissent pas de rester très-long temps, sans faire de progrès sensibles dans la lecture.

Cependant on accuse leur légèreté, leur mauvaise volonté; on s'étonne, on s'impatiente même de leur lenteur à lire. Mais, de bonne foi, est-ce à ces foibles enfans, dont la délicatesse réclame les plus grands ménagemens, que vous devez vous en prendre? N'est-ce pas plutôt à vous-mêmes, qui êtes trop exigeans, et qui avez retardé leur avancement, en voulant trop l'accélérer, et en ne proportionnant pas leur marche au développement naturel de leurs facultés?

Que dirons-nous donc de ces belles promesses qu'on lit à la tête de quelques méthodes, telles que celles de LAUNAY, de BERTHAUD, édition même d'ALEXANDRE. « Les » enfans, *répète ce dernier*, peuvent, à l'âge » de quatre ou cinq ans et au-dessous, être » mis en état de lire à l'ouverture de toutes » sortes de livres, en trois ou quatre mois, » même plutôt. » Il cite des enfans qui n'ont eu besoin que de *quarante huit leçons*; d'autres, *de trente-six* et même de *quinze* seulement, *pour lire couramment*.

Si leurs méthodes incomplettes ont obtenu d'aussi étonnans succès, que n'aurions-nous pas à espérer de la nôtre? Sans doute, s'il étoit permis de s'en flatter, ce ne seroit qu'à l'égard de quelques enfans extraordinaires, qui, nés avec un esprit vif, pénétrant et très-prompt à saisir les analogies, n'ont pas besoin de revoir tant de fois la même chose, pour bien la concevoir et la retenir.

Mais calculer, pour la plupart des enfans, sur de pareils exemples, dont la nature paroît avare, n'est-ce pas s'exposer à bien des mécomptes? Et promettre d'aussi merveilleux effets en vertu d'une méthode, ne seroit-ce pas abuser de la confiance des parens?

Pour nous, éloignés de toute exagération, nous aimons mieux invoquer, en faveur des enfans, la sage maxime de BOILEAU, applicable à l'instruction comme à la composition:

» Hâtez-vous lentement, et, sans perdre courage,
» Vingt fois sur le métier remettez votre ouvrage.

Insistez donc sur les principes de la lecture, exposés dans les deux premières parties, et ne craignez pas d'y rammener votre élève, toutes les fois que vous le jugerez nécessaire : des répétitions commandées à propos, se feront sans peine et avec fruit.

Ainsi, sans vous laisser séduire par les illusions de l'amour propre, qui vous porteroit à voir de petits prodiges dans vos enfans, n'épargnez ni le temps ni le nombre des leçons. C'est le moyen d'obtenir doucement le succès le plus prompt et le plus assuré, puisque c'est en retardant ainsi le vol de vos élèves, que vous préparerez mieux leur plein essor.

Au reste, on doit se tenir en garde sur le sens vague de cette expression, *savoir lire.*

Nous y distinguons quatre dégrés principaux : 1°. savoir lire par syllabes ; 2°. savoir lire les mots couramment ; 3°. savoir lire les phrases d'une manière intelligible ; 4°. savoir bien lire, c'est-à-dire, avec facilité, avec goût et avec grâce, toutes sortes d'écrits, soit en prose, soit en vers.

On voit que les deux premiers dégrés de lecture ont été l'objet de la première et de la seconde partie de cette méthode ; que le troisième dégré est l'objet de cette troisième partie, intitulée *le perfectionnement de la lecture*, expression qui ne signifie pas la dernière perfection, mais ce qui conduit à une certaine perfection ; et que le quatrième dégré n'est pas du ressort de cette méthode, mais qu'il pourroit devenir le sujet d'un petit livre nouveau qui manque à la littérature. On ne peut douter de l'utilité dont il seroit, lorsqu'on pense combien est agréable et rare le talent de bien lire.

Pour comprendre, sous le titre de cette troisième partie, tout ce qui reste à montrer aux enfans sur la lecture, nous traiterons en cinq sections ou chapitres : 1°. de la liaison des mots ; 2°. des signes de la ponctuation ; 3°. de la lecture des phrases et des discours intelligibles pour eux, dont quelques-uns seront écrits en différens caractères ; 4°. de la lecture latine ; 5°. de la lecture des nombres écrits en chiffres, soit romains, soit arabes.

TROISIÈME PARTIE,

CONTENANT LE PERFECTIONNEMENT *DE LA LECTURE.*

AVIS PARTICULIERS.

C'EST toujours à vous, que j'adresse ces avis particuliers, mères intéressantes, qui avez entrepris vous-mêmes la première instruction de vos enfans. J'ai eu besoin, dans les deux premières parties, des ressources de votre tendresse et de votre industrie, pour les exercer à la lecture des mots de notre langue, depuis les plus faciles jusqu'aux plus difficiles, et sur-tout pour tempérer, par quelques propos amusans, cette aridité inhérente aux élémens, dont je n'ai pu tout-à-fait les défendre. Je compte encore, dans cette troisième partie, qui complette l'art de lire, sur vos lumières et votre complaisance pour leur expliquer un grand nombre de choses que je ne peux qu'indiquer, et dont je ne vous fournis que des textes.

Dans cette troisième partie, nous allons mettre vos enfans en jouissance des fruits de leurs premières études, en leur donnant à lire des phrases sur des objets connus ou curieux. J'ai tâché de les remplir de souvenirs, d'images, de pensées et de sentimens propres à les amuser et à les instruire. Ce sera à vous d'y ajouter les développemens que vous jugerez convenables. Il y a des lectures de petits dialogues, de petits discours, de traits d'histoire et de poésie, de sentences françaises et latines, de nombres et d'époques, qui sont comme autant de germes bons à déposer dans la mémoire des enfans.

Ces divers genres, susceptibles quelquefois de grâces enfantines, ne sont pas toujours les plus faciles à traiter. Il faut s'y tenir à la portée du plus grand nombre des enfans; descendre à leur ton naïf, sans tomber dans leur niaiserie ; entrer dans le cercle de leurs idées, et les aggrandir, sans dépasser leurs facultés; développer les sentimens de leur cœur, sans sortir de la sphère de leur sensibilité, sans donner dans l'afféterie ni le précieux : écueils que n'ont pas toujours sû éviter plusieurs auteurs qui ont écrit pour les enfans.

Mais je suis éloigné de confondre le sentiment des difficultés avec le talent de les vaincre; et je ne vous offre les sujets que j'ai composés ou empruntés, que comme des essais qui, entrepris en faveur de vos enfans, ont quelques droits à votre indulgence. Je recevrai avec reconnoissance tous les avis que des personnes généreuses voudront bien m'adresser (1) pour le perfectionnement du PREMIER LIVRE DE L'ENFANCE.

CHAPITRE PREMIER.

DES LIAISONS DES MOTS.

QUAND un mot finit par une consonne muette, et qu'il se trouve devant un autre mot qui commence par une voyelle, il arrive souvent que l'on fait sonner cette consonne avec la voyelle : c'est-là ce qu'on entend par liaison des mots. Par exemple, *petit enfant* = *peti-tenfant*. Mais, si le second des deux mots commence par une consonne, alors la consonne finale du

(1) *Chez Charles* BELLONI *ou les libraires qui sont indiqués au titre de cette troisième partie.*

premier reste muette; et il n'y a pas de liaison, comme dans *petit garçon* = *peti-garçon*.

Voici le principe de la liaison des mots. La rencontre de deux voyelles exigeant l'ouverture continuée de la bouche, occasionne une espèce de bâillement, et rend la prononciation de ces voyelles de suite, pénible pour celui qui parle, et désagréable pour celui qui écoute; car, outre la peine résultante de la cacophonie qui affecte une oreille délicate, il y en a une autre qui dérive de la sympathie ou compassion physique. Telle est la peine que vous éprouvez, quand vous entendez une personne enrouée, ou bègue, ou bien un orateur dont la mémoire est chancelante ou infidèle. La rencontre des voyelles s'appelle *hiatus*. On cherche naturellement à éviter ou à corriger ce mauvais effet.

1°. On *évite l'hiatus*, soit en mettant un petit repos entre les deux mots, comme dans le milieu de ce vers de Racine, où le repos de l'hémistiche fait une grande beauté,

Celui qui met un frein à la fureur des flots;

soit en formant une *élision*, c'est-à-dire, en supprimant la première des deux voyelles, comme dans *brave ami* = *bra-vami*.

2°. On *corrige l'hiatus*, soit en insérant une consonne entre les deux voyelles, comme dans les interrogations, *dira-t-on* pour *dira on*, *m'aime-t-elle* pour *me aime elle*; soit en faisant sonner la consonne finale, qui, sans cela, seroit muette, comme dans *ils chantèrent ensemble* = *ils chantère-tensemble*, *mon ami* = *mo-nami*.

D'après cela, on peut établir les règles suivantes sur *la liaison* ou *la non-liaison* des mots.

1°. Pour les finales nasales *an*, *in*, *on*, *un*, il y a liaison toutes les fois que les deux mots sont tellement liés, qu'ils ne peuvent guère souffrir le moindre repos intermédiaire, comme dans *mon ami* et les autres exemples réunis dans la 1.re colonne à gauche, sous le titre de *Liaisons des nasales*. Dans ce cas, la nasalité se perd ; et la lettre *n*, qui devient consonne, sonne avec la voyelle initiale du mot suivant, comme dans *divin amour* = *divi-namour.*

2°. S'il peut y avoir quelque repos entre les deux mots, sans qu'il en résulte un mauvais effet, alors la nasalité doit subsister; il n'y a pas de liaison; l'on ne fait point entendre le son de la lettre *n*, c'est-à-dire, que cette lettre *n* n'est point ici une vraie consonne; elle ne doit être regardée que comme une lettre auxiliaire qui sert à peindre une voyelle nasale. Ex. : *écran agréable*, *plan utile.* Au moyen du petit repos intermédiaire, l'hiatus cesse; et l'organe de la parole n'est plus dans la contrainte qu'exigeroit la continuité du bâillement, si on prononçoit de suite les deux mots.

L'*e* muet final se supprime de droit, comme dans *brave enfant* = *bra-venfan*, *exemple inutile* = *egzanplinutile.*

4°. Quand la syllabe finale est terminée par une consonne muette, et que le repos intermédiaire ne peut avoir lieu, sans blesser la liaison des idées, alors on fait sonner cette consonne avec la voyelle initiale du mot suivant. Ex. : *trop avide* = *tro-pavide.*

5°. Mais, si le repos peut se souffrir, il n'y a pas de liaison, et la consonne finale reste muette, comme dans *sirop acide* = *siro-acide.*

6°. Quand la syllabe finale est terminée par deux consonnes dont la dernière est muette, celle-ci reste ordinairement muette, comme dans *respect inaltérable* =*respè-kinaltérable.*

7°. En général, dans la lecture, on observe plus régulièrement les liaisons que dans la conversation. En effet, dans la lecture, la voix doit être plus soutenue; et, dans la conversation, elle doit courir plus légèrement. Si en parlant on faisoit trop sonner les finales, on paroîtroit affecté ou empesé : défaut qui offense bien plus qu'une certaine négligence, qui peut n'avoir l'air que d'un agréable abandon. Il y a, dans le langage, des nuances fines et délicates, qui s'apprennent bien mieux par tradition et par l'usage, que par des règles.

Le principe général est que la lecture tend à être plus distincte, et la conversation à être plus aisée. Ajoutez qu'on est ordinairement plus près des personnes, quand on s'entretient avec elles, que lorsqu'on leur fait une lecture. Ainsi, en lisant, *le faux est toujours fade*, *aimez avec respect*, *servez avec amour*, vous prononcerez *le fau-zest toujours fade*, *aimé-zavec respec*, *servé-zavè-camour*. Mais, en parlant en conversation, vous pouvez dire : *le fau est toujours fade*, *aimé avec respec*, *servé avè-camour.*

8°. Les finales doivent être encore plus marquées dans la lecture des vers que dans celle de la prose. Ex.

O que d'écrits obscurs, de livres ignorés,
Furent en ce grand jour, de la poudre tirés!

Si l'on ne prononçoit pas le *s* final de *livres*, et le *t* final de *furent*, ces deux vers manqueroient chacun d'une syllabe, et n'auroient plus de cadence ni d'harmonie.

Enfin, si vous voulez faire sentir aux enfans l'effet des liaisons, et le besoin de les articuler comme il convient, je vous conseille d'essayer de les faire lire sur les exemples, 1°. en supprimant la liaison; 2°. en la rétablissant, comme dans *généreux ami* : faites lire 1°. *généreu-ami*, 2°. *généreu-zami* ; et demandez à l'enfant laquelle des deux lectures se prononce le plus aisément, et satisfait le mieux son oreille.

CHAPITRE SECOND.

DES SIGNES DE LA PONCTUATION.

VOUS ferez seulement parcourir à l'élève le tableau des signes de la ponctuation, et remarquer la figure et le nom de chaque signe. Quant aux usages de ces signes, vous n'y insisterez pas pour le présent; vous attendrez plutôt les occasions de les lui expliquer.

Mais, afin de vous mieux mettre sur la voie de ces sortes d'explications, je vais entrer dans quelques détails à ce sujet.

Les signes de la ponctuation ont été imaginés, 1°. pour soulager à propos l'organe du lecteur, en lui indiquant les endroits où il doit prendre la respiration, et combien de temps il doit y employer; 2°. pour soulager son intelligence, en lui marquant d'avance la distinction des parties du discours, les rapports de ces parties, et leur dégré de subordination.

Chaque signe de ponctuation doit se faire sentir dans la lecture par un certain repos, et ordinairement par une certaine inflexion de voix. L'usage de ces signes, en dirigeant la voix du lecteur, aide aussi l'intelligence des auditeurs, gouverne leur attention, et sert à marquer plus distinctement les rapports des pensées de l'auteur, telles qu'il a voulu les transmettre aux absens.

Cette correspondance est telle qu'un lecteur fidèle à l'emploi de ces signes, feroit fort bien entendre un discours écrit, sans le comprendre lui-même, comme, par exemple, s'il lisoit du latin avant d'avoir appris cette langue.

Les signes de la ponctuation en usage, sont : *le point absolu*, *la virgule*, *le point et virgule*, *les deux points*, *le point d'interrogation*, *le point d'exclamation*, *les points suspensifs*, *le grand trait de séparation*, *la parenthèse*, *les guillemets* et *l'alinea*.

Les pauses indiquées par le point, par la virgule, par le point avec la virgule, et par les deux points, peuvent être déterminées avec précision; mais il n'en est pas de même des inflexions de voix correspondantes à chacun de ces signes. Elles sont susceptibles d'un si grand nombre de variations légères, que leur appréciation est très-difficile; et l'on cite comme une chose étonnante la proposition du savant GRÉTRY, de noter une conversation.

Cependant ne pourroit-on pas, en s'en tenant à ce qu'il y a de plus simple et de plus facile pour des enfans, déterminer les tons des inflexions correspondantes aux principaux signes de la ponctuation?

Je proposerois, 1°. pour la virgule, de monter à la tierce sur la dernière syllabe, en ne comptant point l'*e* muet final; 2°. pour le point et la virgule, ou pour les deux points, de descendre d'une tierce; 3°. pour le point, de monter sur la penultième à la tierce, et de descendre sur la dernière à la quarte de la tonique.

Ces inflexions paroîtront peut-être un peu fortes; mais je les préférerois à de plus foibles, parce que les enfans ne sont que trop portés à les affoiblir, et à tomber dans une insipide monotonie.

Je reprends l'explication des signes de la ponctuation. 1°. Le point absolu indique un sens complet, une phrase finie. Il permet un repos aussi long qu'on peut le désirer pour que la respiration soit entière. Il s'annonce à l'auditeur par une inflexion de voix, composée d'une élévation sur la pénultième, et d'un abaissement sur la dernière syllabe de la phrase. Cette inflexion est le signal naturel du mouvement de la poitrine, qui tend, après l'action, à une sorte d'atonie ou d'affaisement, afin de reprendre une nouvelle force pour continuer aisément le discours.

2°. La virgule indique une des plus simples divisions de la phrase, et permet un repos, qui est le quart du point, avec une respiration légère. Elle s'annonce tantôt par le seul repos qu'on appelle *pause*, tantôt par une élévation de voix, qui a lieu sur-tout à la dernière virgule, lorsqu'il y en a plusieurs de suite sous le même régime, comme plusieurs sujets, plusieurs adjectifs, ou plusieurs mots de la même espèce, etc. Si l'on élevoit la voix à chaque virgule, la lecture deviendroit trop chantante; et le retour des mêmes élévations de voix seroit désagréable à l'oreille.

3°. Le point et la virgule indiquent une division moyenne entre la virgule et le point, c'est-à-dire, le double de la virgule ou la moitié du point. Ce double signe s'annonce par une inflexion moindre que celle du point.

4°. Les deux points indiquent une division plus forte que le point avec la virgule. Leur usage le plus fréquent est d'annoncer un discours, le commencement ou la fin d'une énumération, ou l'addition d'une partie de phrase qui est peu liée aux précédentes. Ils permettent une pause triple de la virgule, ou les trois quarts de celle du point. L'inflexion des deux points peut être la même que celle du point avec la virgule. Cet avis est fondé sur ce que, pour des enfans, il faut simplifier autant qu'on peut, et sur ce que la distinction des deux points et du point avec la virgule, est quelquefois si subtile, que l'on met arbitrairement l'un de ces signes pour l'autre.

5°. Le point d'interrogation indique la fin d'une question, et permet ordinairement une pause égale à celle du point absolu, comme pour attendre la réponse. Il s'annonce par une inflexion propre à l'action d'interroger. Cette inflexion est composée en sens contraire de celle du point; la voix descend d'abord, puis elle monte au-dessus de la tonique. L'abaissement peut être d'une tierce, et l'élévation, d'une quarte.

6°. Le point d'exclamation indique la fin d'une phrase qui exprime un sentiment, soit d'admiration, soit de surprise, soit de désir. Il se marque par une pause plus ou moins longue, selon la vîtesse avec laquelle les sentimens se succèdent. Il s'annonce par une sorte d'accent ou de cri qui monte à l'aigu, et qui retombe au grave. Cette inflexion varie trop pour en donner aucune estimation.

7°. Les points suspensifs indiquent une interruption du discours, et un repos plus ou moins long, suivant la force de la cause qui survient, ou du sentiment qui supprime la parole. Ils s'annoncent par diverses inflexions dictées par le goût.

8°. Le grand trait de séparation indique un changement de personne qui parle à son tour; et il s'annonce par un changement de ton, qui varie selon que l'interlocuteur répond ou interroge, et que son rôle est plus ou moins animé.

9°. Les guillemets indiquent un discours emprunté ou cité par l'écrivain. Il s'annonce par un changement de ton.

10°. La parenthèse indique une courte explication, s'annonce par un abaissement de la voix, se lit comme une petite phrase, et se termine par l'inflexion du point avec la virgule.

11°. L'alinea indique une partie du discours plus distincte que la simple phrase, et permet une pause plus grande que le point, et souvent une inflexion un peu différente.

CHAPITRE TROISIÈME.

De la Lecture des Phrases.

Le talent de lire les phrases et les discours suivis, sans aucune hésitation, dépend d'une certaine correspondance entre l'action des yeux et l'action de la bouche.

Les yeux apperçoivent d'abord les lettres, les syllabes, les mots, et ensuite des parties de phrase : cette action se fait avec plus ou moins de promptitude, selon que les yeux y ont été plus moins bien exercés. Aussitôt l'esprit recueille par ordre ces élémens, et dispose la bouche à les exprimer par la parole. Ensuite la bouche rend successivement les mots du livre, avec plus ou moins de facilité, selon qu'elle est aussi plus ou moins bien exercée.

Sans la subordination et la facilité de cette correspondance des yeux et de la bouche, des yeux qui devancent et dirigent, et de la bouche qui obéit à point, la lecture ne sera pas régulière ni soutenue.

Pourquoi voit-on des gens qui lisent bien tout bas pour eux, et qui ne peuvent lire tout haut pour les autres, d'une manière satisfaisante? N'est-ce pas évidemment parce que, chez eux, l'organe de la vue a été plus exercé que l'organe de la parole, et que ce dernier demande un exercice particulier qui leur manque.

Vous y parviendrez par la pratique suivante. Vous accoutumerez l'élève, dès les premières phrases, 1°. à préparer sa leçon avant de vous la lire, en l'étudiant seul et en la relisant jusqu'à ce qu'il puisse la répéter, presque de mémoire, sans hésiter; 2°. à vous la lire, mais d'abord en lisant, tout bas, des yeux, chaque membre de phrase distingué par les signes de ponctuation, et ensuite en lisant tout haut ce membre; 3°. à reprendre, à la fin du dernier, toute la phrase, pour la lire de suite tout haut, en s'appliquant à bien prononcer, et à observer les longues et les brèves, les pauses et les inflexions.

Par cette pratique, les yeux et la bouche s'exerceront séparément tour-à-tour; l'attention donnée successivement à ces deux opérations, sera plus entière et plus active sur chacune; et, par une propriété de nos habitudes, l'exécution de ces actions deviendra plus facile, plus prompte et plus parfaite.

A la fin, la vue aura appris à appercevoir, en un clin d'œil, une assez longue suite de mots, et la bouche, à les prononcer de concert, en n'observant plus que les silences ou suspensions propres aux parties constructives et aux signes de la ponctuation. Pendant ces pauses régulières, les yeux pourront lire, à l'avance, plusieurs mots; et la bouche, toujours bien préparée, lira avec autant de netteté que d'aisance.

Lorsque votre élève sera parvenu à ce point, vous changerez de pratique. Ce n'est plus lui qui sera chargé d'étudier sa leçon; c'est vous qui la lui préparerez. Vous la lirez la première, phrase par phrase, et vous aurez soin de marquer plus fortement les pauses et les inflexions. L'élève répétera chaque phrase après vous. Prenant ainsi leçon de votre bouche et de son oreille, il ne tardera pas à vous imiter fidèlement. On sait combien les enfans sont flexibles et portés à l'imitation. Ils ne copient que trop facilement jusqu'aux fautes des personnes qu'ils entendent fréquemment. Mais aussi ils ne laissent pas de sentir certaines convenances, quand elles leur sont indiquées, et qu'on ne leur donne à imiter que des exemples purs.

CHAPITRE QUATRIÈME.

Des Principes de la Lecture Latine.

ON pourroit apprendre à lire le latin aux enfans qui savent lire en français, en se bornant à la simple imitation, en lisant devant eux un livre latin, et le faisant répéter phrase par phrase. Mais, comme on facilite et qu'on abrège toutes les études, en y procédant par principes, je vous propose la méthode suivante, qui se divise en quatre articles.

1°. Un tableau des voyelles et des consonnes propres à la langue latine; 2°. un syllabaire composé de ces sons particuliers; 3°. des tableaux de mots qui se lisent d'après le syllabaire latin; 4°. de petites phrases latines.

Mais, afin de ne pas tomber dans l'inconvénient de faire lire aux enfans des mots inintelligibles, nous joignons par-tout la version française des mots latins qui sont pris pour exemples.

Cette manière d'apprendre la lecture latine, est non seulement la plus raisonnable, mais encore la meilleure introduction à l'étude de cette langue.

CHAPITRE CINQUIÈME.

DE LA LECTURE DES NOMBRES écrits en Chiffres.

COMMENCEZ par les chiffres romains : ils sont moins abstraits que les chiffres arabes ; et leur origine est plus facile à concevoir.

I, peinture abrégée d'un doigt, représenta un objet quelconque ; II, figurant deux doigts, représenta deux objets, etc.

V, peinture des quatre doigts réunis entre eux, et séparés du pouce, représenta cinq objets ; et IV signifia un ôté de cinq, ou quatre, signe plus abrégé et plus distinct que IIII.

X, peinture des deux mains croisées, bien plus simple que VV, représenta dix objets ; et IX signifia un ôté de dix, ou neuf qui est écrit en effet avec un chiffre nouveau. On compte les dixaines par autant de X écrits de suite.

L, figure du bras plié au coude, abrégea la peinture de cinquante ou de XXXXX.

C, peinture des deux bras formant un arc, comme pour embrasser une quantité de dix fois dix objets.

IↃ, figure de la tête et d'un bras recourbé vers la tête, comme pour montrer cinq quantités de cent cheveux ; et cette figure IↃ, que l'on voit dans les anciens monumens, s'est convertie en D.

Enfin, CIↃ, figure des deux bras tournés vers le haut de la tête, représenta mille ; et cette figure est devenue M.

Remarquez que les chiffres romains changent de cinq en cinq unités, soit simples, soit collectives, suivant cette progression : I, V, X, L, C, D, M.

Les chiffres arabes furent aussi, dans l'origine, des

peintures des doigts; mais plusieurs ont été défigurés au point que l'on ne reconnoît aisément que le 1, qui représente le pouce levé; le 2 qui représente le pouce et l'index levés ensemble; le 3 qui représente encore le pouce, l'index et le doigt du milieu. On peut même reconnoître, dans le 5, le dessin ou le contour du pouce et des quatre doigts étendus. Le 6 paroît figurer la manière dont les Arabes comptent six, en fermant les quatre doigts et en levant le pouce. Le 4, le 7, et le 8 qui semble un doublement du 4, sont les plus obscurcis, ayant été altérés par les écrivains qui ont toujours été portés à abréger et à faciliter le tracé des hiéroglyphes primitifs.

Mais le zéro n'est-il, comme le croit L. A. ROUBAUD, que l'imitation du poing ou de la main fermée? J'aime mieux voir, dans sa figure non altérée qui est celle d'un cercle, un symbole naturel d'une révolution, savoir, celle des dix doigts par lesquels les hommes apprennent naturellement à compter. Ainsi, 10 signifie évidemment un tour des dix doigts; 20, deux tours; 30, trois tours, et ainsi des autres nombres de dixaines. Le neuf fut représenté chez les Indiens et les Arabes d'une manière analogue à celle des Romains, en écrivant d'abord 01, puis q et ensuite 9.

Il est facile de voir que 100 signifie 10 tours des dix doigts; que 200 = 20 dixaines; 300 = 30 dixaines, etc.; que, suivant le même plan d'analogie, pour représenter mille ou 100 dixaines, on n'eut besoin que d'ajouter un zéro ou o à 100, en écrivant 1000, et ainsi de tous les autres nombres possibles, en marchant toujours en progression décuple.

Rien n'est donc plus simple que l'écriture des nombres par les chiffres arabes : l'analogie en est parfaite, et peut être sentie des enfans mêmes. Mais cette analogie n'est pas aussi constante dans la nomenclature française des nombres; et il peut être utile de faire remarquer ici les nombres où elle est moins soutenue.

Entre dix et dix-sept, nous disons *onze*, *douze*, *treize*, *quatorze*, *quinze* et *seize*. Observez que, dans ces dénominations, la dernière syllabe *ze* signifie *dix*, et le reste du mot qui précède *ze*, exprime les unités ajoutées à dix : ainsi, *onze* signifie un et dix; *douze*, deux et dix, et ainsi des autres. Il s'en suit qu'entre 10 et 17, nous lisons les chiffres, comme les Arabes, de droite à gauche, en commençant par les unités, tandis que, dans les autres nombres, nous lisons de gauche à droite, suivant notre manière ordinaire, en commençant par les chiffres les plus forts d'unités collectives, et en finissant par les unités simples.

Observez encore qu'après 69, on dit *soixante et dix*, pour sept dixaines ou 70, au lieu de *septante*, *quatre-vingt* pour huit dixaines ou 80, au lieu de *huitante*, et quatre-vingt-dix ou 90 pour neuf dixaines, au lieu de *nonante*.

Enfin, pour faciliter la lecture des nombres exprimés par une suite de chiffres un peu considérable, vous ferez partager, par la pensée ou par une virgule, cette suite, en tranches de trois chiffres chacune, en allant de droite à gauche. La 1re. tranche à droite s'appelle *ternaire d'unités simples*; la 2e. tranche s'appelle ternaire des mille; la 3e., ternaire des millions; la 4e., ternaire des billions, et ainsi de suite. On lira chaque ternaire comme s'il étoit seul, et, à la fin, on ajoutera la dénomination qui lui est propre. Ainsi, pour 24,680, 135, on doit lire 24 *millions*, 680 mille, 135 unités ou choses.

LE PREMIER LIVRE DE L'ENFANCE.

CHAPITRE PREMIER.

TABLEAUX de la liaison des Mots, et de leur non liaison.

I. VOYELLES NASALES.

LIÉES.	NON LIÉES.
an. En effet = *a-neffet* en ami = *a-nami* en un mot = *a-n-un mot.*	Un an ou deux un an au plus écran agréable plan utile élan admirable donnez-en un meilleur.
in. Talent bien avantageux = *bié-navantageux* propos bien outrageant outil bien utile.	C'est un bien avantageux je sais bien où vous allez un bien unique un dessein honnête.

VOYELLES NASALES.

LIÉES.	NON LIÉES.
Ancien auteur	Un dessin achevé
certain historien	un train honorable
le souverain être	une faim accablante
un vain espoir	il ne fait rien ou peu de chose
rien autre chose	un vin exquis
le divin amour	un venin affreux
le divin esprit	Franklin est mort, comblé d'honneurs.
le bien aimé.	
on, Un bon ami	Un cheval bon à monter
ton instinct	un ton insolent
son âme	un son agréable
on ignore cela	des gens non éclairés
on a du plaisir à bien lire	va-t-on à la campagne?
le bon apôtre.	bon ou mauvais, prends-le
	armé ou non armé.
un. Chacun à son avis	De l'alun à vendre
l'un et l'autre	un tribun éloquent.
c'en est un autre.	

II. CONSONNES FINALES.

LIÉES.	NON LIÉES.
p. Il est trop avide	Trop haineux
trop étourdi.	un sirop acide.

LIÉES.	NON LIÉES.
Un coup affreux il en a beaucoup acheté.	Un galop aisé un coup heureux il aime beaucoup à lire un loup affamé.
s=z. Mes amis les uns et les autres quelques uns quelques années après fournir des armes à la critique les enfans ont besoin vous êtes très-habile	Les uns ou les autres les conseillers réunis ont pensé un des dialogues où Socrate dit.
des peines proportionnées au délit des acclamations des mœurs infâmes	Des peines nécessaires et proportionnées des hurlemens.
x=z. Dix écus six heures de beaux yeux un faux éclat un précieux ami un généreux ennemi.	Un louis faux ou rogné un citoyen précieux à sa patrie il est généreux et brave heureux autant que sage.
t. Un petit enfant tout exprès fort adroit.	Un petit héros tout hors d'haleine qu'ils attendent ou

CONSONNES FINALES.

LIÉES

La mort éternelle
une mort inévitable
ils attendent à la porte
ils doivent être contens
par-rapport à lui
un effort impuissant
l'art oratoire
un trait humain
un fait admirable
un savant écrivain.

NON LIÉES.

qu'ils s'en aillent
un fort inexpugnable
cet effort épuisa le reste de ses forces
le respect humain
le rapport en est fait
un instinct admirable
il est savant et instruit.

d = t. Un grand homme
un grand arbre
un second article
combien vend-on cela ?
combien cela se vend-il ?
que perd-il au jeu ?
que ne rend-il la pareille ?
le froid et le chaud
quand on veut
ruiné de fond en comble.

Un brigand adroit
il fait chaud à présent
on le vend un peu cher
il perd horriblement
il se rend assez tôt
il faisait froid hier.

LIÉES.

LIÉES.	NON LIÉES.
Il mit pied à terre.	(*Selon quelques uns*) il mit pié à terre.
F=V. Dans neuf ans	En neuf mois
dix-neuf hommes.	dix-neuf soldats.
G=Q. Un sang épais	Un sang noir
un rang élevé	un rang supérieur
Bourg en Bresse	un faubourg.
un gros bourg	
un long hiver.	
C=Q. Avec esprit	Avec haine
avec habileté	avec honte
avec honneur	un bec-jaune
un bec aigu	cinq mois
cinq ans	du tabac rapé
du tabac à fumer	almanach de Liège.
almanach intéressant.	
r. Monter adroitement	Monter haut
aller au galop	aller hardiment
commander à propos	commander la garde
étudier une leçon	étudier sa leçon
chanter à haute voix	chanter faux
fournir aux frais	fournir la dépense
finir à l'heure dite.	finir trop tard.

III. *Suppression de l'e muet final devant une voyelle initiale*

Une belle ame = une bè-lame.
Notre ami = no-trami.
Un libre accès = un li-braccès.
Chaque âge = cha-câge.
Difficile à lire = diffici-la lire.
Une femme agréable = une fa-magréable.
Une bonne éducation = une bo-néducation.
Remède excellent = remè-dexcellent.
Un opprobre inéfaçable = un opprobrinéfaçable.
Un exemple inutile = un exan-plinutile.
Un antique usage = un anti-cusage.

CHAPITRE SECOND.

DES SIGNES DE LA PONCTUATION.

Figures.	*Noms.*	*Valeurs.*
,	La virgule...	MARQUE une pause légère, et ordinairement une élévation de la voix.
;	Le point et virgule.	Une pause double de la virgule, avec un léger abaissement de la voix.
:	Les 2 points..	Une pause triple de la virgule, avec un abaissement de la voix.
.	Le point....	Un repos entier pour respirer à son aise, avec une élévation et un abaissement de la voix sur les dernières syllabes de la phrase.
?	Le point d'interrogation.	Une pause avec un abaissement et une élévation de la voix sur les syllabes finales de la question.
!	Le point d'exclamation.	Une pause et une inflexion variables et proportionnées à la vivacité du sentiment de celui qui admire, ou désire, ou se plaint, etc.

B 2

Figures.	*Noms.*	*Valeurs.* MARQUENT
...	Les 3 points de suite.	Une interruption du discours, ou une suspension.
—	Le grand trait de séparation.	Un changement de personne qui parle, et qu'on appelle interlocuteur.
«	Les guillemets.	Une citation de paroles qui ne sont pas de l'auteur.
( ) [ ]	La parenthèse et les crochets.	Une courte explication qui se lit d'un ton un peu plus bas.
-	Le trait d'union.	Des mots inséparables, ou des mots entre lesquels il ne peut y avoir de repos, comme *arc-boutant*, *arc-en-ciel*, *que veut-il?*
¨	Le tréma. . .	Que la voyelle qui précède, doit se prononcer séparément, et ne forme pas une diphthongue, comme *Saül*, *Noël*, *haïr*, *aïeul*.
'	L'apostrophe.	La suppression d'une voyelle, comme dans *l'oiseau* pour *le oiseau*, *l'âme* pour *la âme*.

CHAPITRE TROISIÈME.

DE LA LECTURE DES PHRASES.

ART. Ier. PETITES PHRASES.

1. *CRIS de plusieurs animaux.*

LE chien aboie, le chat miaule, l'âne brait, le cheval hennit, (*prononcez* hanni), le taureau beugle ou meugle, ainsi que les vaches, l'agneau bêle, le cochon grogne, le loup hurle.

La poule glousse, le pigeon roucoule, le coucou chante son nom, le corbeau croasse, la grenouille coasse, le serpent siffle.

L'homme parle, crie et chante.

2. *USAGES de quelques animaux.*

Le chat prend les souris et les rats.

Le chien garde la maison, ou les moutons, ou sert à la chasse.

Le cheval porte l'homme, ou des fardeaux, et traîne la charrue, la charette et les voitures.

L'âne porte le bas, des panniers et des

fardeaux. Il est bien utile, quoi qu'on le méprise, et qu'il soit un peu têtu. On prend le lait d'anesse pour fortifier la poitrine.

L'âne, dans sa jeunesse, est gai, léger, et ne manque point de gentillesse. On a vu des ânes instruits, intelligens et adroits, faire des tours à commandement. La peau de l'âne sert à faire des tambours, des cribles, des tablettes pour écrire, et du marroquin.

Le mulet né de la jument et de l'âne, ou de l'ânesse et du cheval, est dur à la fatigue; il a le pied sûr, et porte une lourde charge. Il est principalement utile dans les pays de montagnes.

La vache fournit du lait, qui est une excellente nourriture, et dont on fait du beurre et des fromages. La vache produit un veau tous les ans.

Le bœuf sert, comme le cheval, à la charrue, et au transport des charrettes; et l'on finit par le manger. De sa peau, l'on fait du cuir fort; de son poil, on fait de la bourre; et de sa corne, des peignes et plusieurs ouvrages.

La chèvre, plus vive que la brebis, est plus attachée à l'homme, et le suit mieux; elle produit tous les ans un ou deux chevreaux. Elle donne du lait, et peut servir de nourrice à de petits enfans; elle monte avec adresse sur leur berceau, et leur donne à tetter avec affection. On fait de son poil des étoffes, des boutons, etc. Sa peau forme un cuir estimé.

Le cochon n'est bon qu'après sa mort : sa chair fraîche ou salée est d'un bon goût; son sang fait du boudin ; sa graisse, du saindoux ; ses cuisses, des jambons ; sa peau, des cribles ; son poil, des vergettes et des pinceaux. Ses petits qui tettent encore, s'appellent *cochons de lait*, et sont très-bons à manger.

La poule est l'oiseau le plus utile de nos pays, et le trésor de nos basses-cours. Elle pond beaucoup d'œufs dans l'année ; on les mange de plus de cent manières. Elle couve pendant vingt-un jours les œufs qu'on lui laisse. Il en éclôt de petits poussins, qu'elle conduit avec une vive tendresse, pour qu'ils cherchent leur nourriture ; elle les rassemble avec sollicitude sous ses ailes, dès qu'il passe un nuage qui refroidit l'air, ou un oiseau de proie, qui voudroit les ravir. Ces petits, en grandissant, repeuplent la basse-cour de poulets qui procurent d'utiles provisions.

Le canard vorace se jette à l'eau dès qu'il est né, et témoigne sa joie par des cris, à l'approche de la pluie et de l'orage ; il produit des œufs, une chair savoureuse, et un duvet utile. Les pêcheurs *Chinois* vont à la chasse des canards sauvages, en se mettant la tête dans une grosse gourde, percée de quelque trous. Ils nagent de manière à ne laisser voir que la gourde. Les canards, accoutumés à voir flotter ces fruits, se laissent approcher ; et le chasseur les saisit par les pattes, les tire dans l'eau, étouffe leurs cris, et leur tord le cou.

On élève l'oie pour sa chair, qui est assez bonne, et qu'on peut confire dans sa graisse ; pour son duvet, et pour ses grandes plumes qui servent à écrire. Les oies sauvages se laissent moins approcher du chasseur que le canard. L'Eider, espèce d'oie ou de canard du nord, fournit le précieux duvet, connu sous le nom d'*Edredon*.

Les pigeons multiplient beaucoup, donnent des pigeonneaux qui sont tendres à manger, et fournissent un fumier chaud, qui est très-utile à l'agriculture.

---

3. *Membres divers des animaux.*

Plusieurs animaux ont quatre jambes : on les appelle *quadrupèdes*. Mais ils diffèrent entr'eux par les extrémités.

Le cheval n'a qu'un ongle au pied, qu'on appelle *sabot*. Il en est de même de l'âne et du zèbre.

Le bœuf a deux ongles au pied, ce qui le fait appeller *bisulce* ou *pied fourchu*. Tels sont les moutons, la chèvre, le chevreuil, le cerf, le daim, le cochon, etc.

Le chat a des doigts armés de griffes,

qu'il retire quand il veut faire patte douce, et qu'il alonge quand il veut égratigner. Le chien a aussi des doigts et des ongles qui ne lui servent que pour s'appuyer sur la terre, ou pour la gratter.

La taupe a des espèces de mains courtes et fortes, pour creuser et jeter la terre. Les singes ont véritablement quatre mains; d'où on les appelle *quadrumanes*.

La chauve-souris a les pattes antérieures garnies de membranes, qui s'étendent en forme d'ailes, mais sans plumes : ce qui empêche qu'on ne la range dans la classe des oiseaux. Elle a des mamelles, et allaite ses petits : ce qui la fait placer parmi les quadrupèdes *mammifères*, c'est-à-dire, portant des mamelles.

Les oiseaux n'ont que deux jambes, et sont pourvus de deux ailes qui sont garnies de plumes, et qui leur servent à s'élever et à voler dans l'air. Ils frappent cet élément à coups redoublés, de leurs ailes, pour s'y soutenir. Au lieu de dents, ils sont armés d'un bec de corne. Plusieurs portent un jabot, et ont, pour estomac, un fort gésier qui broie les alimens.

Presque tous les insectes ont, vers la fin de leur vie, des ailes et six pattes. Les uns ont des étuis durs, comme le hanneton, le scarabée, le charançon, le cerf-volant, etc. Les autres ont des étuis mous, comme la cigale, le puceron, le grillon, la courtillière, la sauterelle. D'autres ont quatre ailes membraneuses, comme la fourmi ailée, la guèpe, l'abeille, les demoiselles et les papillons. Les ailes des papillons sont revêtues de petites écailles colorées, qui se recouvrent comme les tuiles d'un toit, et qui sont si fines qu'elles s'attachent aux doigts comme une poussière farineuse. D'autres n'ont que deux ailes avec deux petits balanciers ou ailerons, comme les mouches, le taon, le cousin, etc. D'autres insectes, enfin, sont sans ailes et n'ont que des pattes, comme le pou, la puce, le perce-oreille, l'araignée, le cloporte, l'écrevisse, etc.

Les poissons, dépourvus de jambes et d'ailes, ont des nageoires qui leur servent à se mouvoir dans l'eau. Ils varient prodigieusement pour la figure et la grandeur. Comparez entr'eux un véron, un goujon, une plie, une raie, un requin, que l'on dit pouvoir avaler un soldat armé tout entier, et une baleine de cent pieds de long, et grosse à proportion.

Les vers n'ont ni jambes, ni ailes, ni nageoires : ils ne peuvent donc ni marcher, ni voler, ni nager; mais ils rampent sur la terre en s'alongeant et en se raccourcissant.

Les serpens sont, comme les vers, sans membres; mais ils sont bien plus agiles. Ils s'élancent comme des ressorts. Il y en a de bien méchans, tels que la vipère, le serpent à sonnette, etc.

Le limaçon rampe aussi : il s'étend en partie hors de sa coquille, puis, en se raccourcissant, il la traîne avec lui ; il alonge ses cornes, au bout desquelles sont ses yeux, et il les braque comme des lunettes ; mais il les a bientôt retirées, dès qu'on les touche.

L'huitre ne sait pas même ramper : elle reste toute sa vie attachée au rocher où elle est née. Elle ouvre et ferme ses deux coquilles qui lui servent de boîte ou de maison.

ART. II. PHRASES EN DIALOGUES.

INTERLOCUTEURS : CHARLES, VIRGINIE, leur MÈRE et leur PÈRE.

---

1. *Les parties du corps.*

M. CHARLES, me dirois-tu bien quelles sont les parties de ton corps?

Ch. Oui, Maman ; mais par où faut-il commencer?

M. Commence par la tête, et va de suite.

Ch. Et bien, je distingue la tête, le cou, les bras avec les mains et les épaules, la poitrine et le ventre, par-devant ; le dos et les reins, par-derrière ; les cuisses et les jambes avec les pieds.

M. Sais-tu ce qu'on entend par *membres* de notre corps ?

Ch. Non, maman, je ne le sais pas bien, quoique j'en entende souvent parler.

M. Un membre est une partie extérieure du corps, qui peut s'en éloigner ou s'en rapprocher, et se mouvoir pour le servir. Ce mot ne se dit pas de la tête; mais il se dit principalement des bras, des mains, des cuisses, des jambes et des pieds. C'est dans ce sens qu'on appelle un gigot ou une éclanche, *un membre de mouton.*

Ch. J'ai entendu aussi parler des organes du corps; dites-moi, je vous prie, ce que signifie ce mot *organe?*

M. Un organe est une partie du corps, composée avec art pour servir aux sensations, aux opérations de l'ame, et aux actions de la vie. On dit l'organe de la vue, l'organe de l'ouie, l'organe de la voix, l'organe de la respiration. Mais on dit des parties intérieures, telles que le cerveau, le cœur, les poumons, l'estomac, le foie, etc., que ce sont des *viscères,* parce qu'ils servent à la vie.

---

2. *Les Pieds et les Mains.*

M. Quelles sont les parties extérieures du corps, qui sont doubles?

Ch. Ce sont les mains, les pieds, les bras, les jambes, les cuisses, les épaules; les yeux, les oreilles, les narines, les joues et les mâchoires.

M. Ne met-on pas quelque différence entre les deux mains?

Ch. Oui; quoiqu'elles soient semblables, on distingue la main droite de la main gauche.

M. Tu connois donc bien à présent ta main droite?

Ch. Oh! il y a long-temps que je ne suis plus comme ces petits enfans *niais*, qui, quand on leur dit d'aller à droite, vont à gauche.

M. Avant d'avoir acquis cette habitude, qui fait que, sans y penser, tu n'es plus sujet à confondre la droite de la gauche, comment pouvois-tu distinguer l'une de l'autre?

Ch. C'étoit en pensant à la main qui agit le plus souvent. Quand je veux saisir ou pousser quelque chose avec adresse ou avec force, je sens que c'est mon côté droit, qui s'apprête à agir, et qui fait le plus d'efforts.

M. Cela se fait naturellement dans la plupart des enfans; mais il y en a qui se servent plus volontiers et plus souvent de la main gauche.

Ch. Oui, j'en connois: on les appelle *gauchers*.

M. Sais-tu ce qu'il y auroit de plus avantageux dans l'usage de nos mains?

Ch. Ce seroit de se servir, avec adresse, des deux mains, de la gauche comme de la droite.

M. Il ne s'agiroit que de les exercer l'une et l'autre, dès l'enfance.

Ch. Ne donne-t-on pas un nom à ceux qui se servent également des deux mains?

M. On les appelle *ambidextres :* ce mot signifie *adroit des deux mains.* Mais, dis-moi, à quoi servent principalement les pieds et les mains?

Ch. Les pieds servent à nous porter et à nous transporter où nous voulons. J'ai vu aussi des gens faire mouvoir des machines, en pesant avec le pied sur une pédale. Les mains nous servent à prendre et tenir ce que nous désirons, à travailler à une infinité d'ouvrages que l'homme sans mains ne pourroit faire.

M. J'ai vu quelques hommes et quelques femmes privés de mains, et qui faisoient, avec leurs pieds, des choses qui demandent de l'adresse; comme de coudre et d'enfiler une aiguille, d'écrire et de tailler une plume, etc. Enfin, dis-moi quels sont nos premiers et nos plus fidèles domestiques?

Ch. Ce sont nos mains et nos pieds : nous les avons toujours à nos ordres, à moins que nous ne soyons malades.

M. Ceux-là sont plus estimables et plus heureux, qui savent employer leurs mains à leur propre service et à celui de leurs semblables.

---

3. *Les Doigts.*

M. Qu'est-ce qui termine le dessus des doigts, soit des mains, soit des pieds?

Ch. Ce sont les ongles, qui croissent et qu'il faut couper de temps en temps.

M. Chez les Chinois, les personnes qui ont le moyen de vivre sans travailler des mains, affectent de porter des ongles fort longs.

Ch. Ils ont donc bien de la petitesse d'esprit, puisqu'ils ont de la vanité jusqu'au bout de leurs ongles. Mais, maman, quels sont les usages des ongles?

M. C'est : 1°. de servir de défense aux doigts, qui, sans leur secours, se blesseroient aisément contre les corps durs; 2°. de servir à prendre les corps qui s'échappent aisément par leur petitesse; 3°. d'affermir les pieds quand on marche. Il y a des animaux qui se servent de leurs ongles pour saisir leur proie, pour grimper, pour se défendre.

Ch. Mais, dans les animaux, les ongles n'ont-ils pas des noms différens?

M. Oui, on les appelle *griffes* dans les chats, les tigres, les lions, etc.; *sabots*, dans le cheval; *ergots*, quand ils sont au derrière des pieds de quelques animaux, tels que le coq, le chien, etc.; *serres*, dans les oiseaux de proie, tels que l'autour, le vautour, l'épervier, l'aigle, etc.

Ch. Ne donne-t-on pas un nom particulier aux doigts de nos pieds?

M. On les a aussi appelés *orteils* : mais présentement ce mot ne se dit guère que du du gros doigt du pied; comme *avoir la goutte à l'orteil, au gros orteil.*

4. *Usage des Doigts pour compter.*

M. Combien comptes-tu de doigts à la main ?

Ch. Faut-il y comprendre le pouce ?

M. Oui, sans doute, quoique le pouce soit un peu différent des autres doigts.

Ch. Et bien, en comptant les doigts d'une main l'un après l'autre, je dis : un, deux, trois, quatre et cinq. Je me souviens d'avoir été bien du temps avant de pouvoir compter jusqu'à cinq : je m'arrêtois à trois.

M. Comment as-tu appris à compter tous les doigts des deux mains ?

Ch. J'ai observé qu'il y a cinq doigts dans chaque main ; qu'après avoir compté les cinq doigts d'une main, je n'avois qu'à compter de suite les doigts de l'autre main, en disant après cinq : six, sept, huit, neuf et dix. J'en ai conclu que nous avons dix doigts en totalité aux deux mains ; que cinq et cinq font dix ; et que la moitié de dix est cinq.

M. Vois-tu à présent pourquoi l'on compte par dix, par cent, par mille, et ainsi de suite ?

Ch. Je ne l'entends pas bien ; je sais pourtant compter jusqu'à mille et au delà.

M. Ecoute bien ceci : après avoir compté dix, en faisant un tour de tous les doigts, comment t'y prendras-tu pour compter jusqu'à vingt ?

Ch. Je n'ai qu'à recommencer sur mes doigts, un second tour pareil au premier, en disant après dix : onze, douze, treize; et ainsi, en continuant, j'arrive à vingt, quand j'ai parcouru tous mes doigts pour la seconde fois.

M. Et pour compter jusqu'à trente?

Ch. Je répéterai un troisième tour de doigts; et cela composera trois dixaines ou trente. Oh! je vois qu'en ajoutant un quatrième tour, j'aurai le nombre quarante; et je conçois comment, avec les doigts, on a compté de dix en dix jusqu'à cent, et ensuite comment on a compté, de la même manière, des unités de centaines, des unités de mille, des dixaines de mille, des centaines de mille, et ainsi des autres nombres, en formant, de suite, des unités collectives de dix en dix fois plus grandes que les précédentes.

---

5. *Les parties de la Tête.*

M. On distingue, à la tête, les cheveux et le visage; mais dis-moi quelles sont les parties du visage?

Ch. C'est le front, les yeux, les sourcils, les paupières, les cils, le nez, les joues, la bouche et le menton. Je voudrois savoir à quoi servent les sourcils et les cils.

M. D'abord à orner les yeux; car il n'y a rien qui donne l'œil hagard, comme de n'avoir pas des sourcils et des cils suffisamment garnis. Ensuite les sourcils arrêtent la sueur du front, qui couleroit dans les yeux; les cils empêchent les petits corps étrangers d'y entrer, et ils tempèrent l'éclat d'une lumière trop abondante.

Ch. D'où vient, Maman, qu'en regardant de près vos yeux, j'y vois un petit bon-homme?

M. Le connois-tu bien ce petit bon-homme?

Ch. Il me ressemble; mais il est bien plus petit que moi.

M. C'est ton portrait en miniature, qui se peint sur ma prunelle, comme il arrive sur une boîte de montre, et sur des miroirs bombés, qu'on appelle *miroirs convexes*.

Ch. Qu'est-ce donc que la prunelle dont j'entends parler, par exemple, quand on dit: je conserve cela comme la prunelle de mes yeux?

M. Ce mot *prunelle* est dit pour *brunelle*, et signifie une petite partie brune ou noire. La prunelle est ce petit cercle noir, que tu vois au milieu d'un autre cercle de diverses couleurs, qu'on appelle *iris*; et c'est comme une petite fenêtre par laquelle les rayons de lumière entrent dans l'œil, et vont au fond y peindre les objets qui sont devant nous.

Ch. Maman, quand je vous regarde, vous êtes donc peinte au fond de mon œil?

M. Oui, mon fils; mais, quand je suis absente, mon portrait est effacé.

Ch. Ah! Maman, il reste bien gravé dans mon cœur, je vous assure!

M. Approche, que je t'embrasse, mon fils. . . . Mais tu ne m'as rien dit des oreilles: est-ce qu'elles ne font pas partie du visage?

Ch. Il me semble que c'est oui et non, selon la mode, qui tantôt les fait montrer, et tantôt les fait cacher. Aujourd'hui on les fait voir entièrement; et, dans les portraits plus vieux que moi, il en paroît à peine le petit bout.

M. Tu as raison; les oreilles sont naturellement couvertes par les cheveux, et appartiennent plutôt à la partie chevelue de la tête, qu'au visage. Il y a des médecins qui prétendent qu'en tenant les oreilles un peu couvertes, on ménage mieux la délicatesse de l'ouie. . . . Que me diras-tu de la bouche?

Ch. J'y remarque la langue, les dents, les gencives et les lèvres. Oh! que j'aime bien votre bouche, Maman, quand elle sourit!

M. C'est à toi, mon cher ami, de m'en donner souvent l'envie par des paroles et par des actions qui puissent me plaire.

Ch. Oh! j'y penserai, je vous assure.

---

6. LES CINQ SENS.

1°. *La Vue.*

M. Virginie, en tournant les yeux de divers côtés, de quoi es-tu frappée?

V. Maman, en arrêtant les yeux sur vous, j'ai le plaisir de vous voir; en les tournant dans la chambre, je vois la cheminée, la glace, les fauteuils, les chaises, la commode, une chiffonière, un secrétaire, une table et quelques autres effets.

M. Et, en regardant par la fenêtre, qu'appercois-tu ?

V. J'apperçois le jardin, des maisons d'un côté, la campagne de l'autre. Dans les champs, je vois des bleds qui sont d'un beau vert, la rivière qui est bordée de prairies émaillées de fleurs; plus haut, des côteaux garnis de vignes; plus loin, des bois, et au-dessus, le ciel avec quelques nuages qui de temps en temps passent sous le soleil, et le dérobent à notre vue.

M. A présent ferme les yeux, et dis-moi ce qu'il t'arrive?

V. De n'y plus voir; cela est tout simple.

M. Mais ne pourroit-il pas encore t'arrriver de n'y plus rien voir, quoique tu eusses les yeux bien ouverts?

V. Oui, par exemple, la nuit, lorsqu'il n'y a pas de lumière, ni même de clair de lune.

M. Que faut-il donc pour bien voir?

V. Bien des choses, ce me semble; mais j'aurois de la peine à les dire toutes.

M. Et bien, il faut que ces objets soient éclairés par une lumière assez grande ; qu'ils soient dans notre direction, sans corps intermédiaires; que nous n'en soyons pas trop loin, et que nous tenions les yeux ouverts et tournés vers eux.

V. Ne faut-il pas encore faire attention à ce qu'on veut voir? car, faute de prendre garde à des choses qui sont devant moi, je manque de les appercevoir. Cela m'arrive sur-tout en lisant, et vous me dites alors : *Comment! tu ne vois pas telle lettre?*

M. Ta réflexion est juste. Il faut savoir regarder pour bien voir ; il faut que l'ame soit attentive aux impressions que reçoit notre vue. Voilà pourquoi les distraits et les étourdis ne voient pas bien des choses, ou les voient mal.

V. Oh! je ne veux pas être de ces gens-là ; je tâcherai d'être attentive. Je plains bien les aveugles : ils sont privés des jouissances que la vue nous procure.

M. Et les aveugles d'esprit? ne sont-ils pas encore plus à plaindre?

V. Sans doute ; mais que faut-il pour n'être pas aveugle d'esprit?

M. S'instruire et être réfléchi. Il faut que je te cite un trait d'esprit de la part d'un aveugle.

V. Ah! voyons, Maman.

M. Une certaine nuit cet aveugle marchoit avec une lanterne à la main, et une cruche d'eau sur la tête. Quelqu'un qui couroit, le rencontra, et lui dit d'un ton railleur : Comment! il vous faut de la lumière pour marcher la nuit! Est-ce qu'il n'est pas toujours nuit pour vous? — Sans doute, dit l'aveugle. Mais ce n'est pas pour moi que je porte cette lanterne ; c'est pour avertir de loin les étourdis qui pourroient venir me heurter et me faire casser ma cruche.

V. Il avoit de l'esprit, cet aveugle-là.

M. Oui, on peut dire qu'il y voyoit mieux à se conduire, que beaucoup de gens qui ont leurs yeux. Tu vois que l'esprit est bien supérieur aux sens.

2°. *L'Ouie.*

M. Virginie, que dois-tu faire, quand je te parle ?

V. Vous écouter, Maman, afin d'entendre ce que vous voulez me dire.

M. (se mettant à chanter) : Qu'est-ce que je fais ?

V. Vous chantez.

M. A présent ?

V. Vous parlez bas. . . . De temps en temps vous vous taisez.

M. Ne peux-tu pas juger de ce qui se passe au loin, comme dans la rue, sans regarder par la fenêtre.

V. Oui, avec mes oreilles. En ce moment, j'entends dans la rue un jeune homme qui chante, un enfant qui crie, sa mère qui le gronde, une chârette qui roule, et un âne qui braît.

M. Et si tu te bouchois les oreilles, que t'arriveroit-il ?

V. De n'y plûs entendre, comme il m'arrive de n'y plus voir, dès que je ferme les yeux. Je serois alors comme les sourds. Oh! que ces gens-là ont l'air triste et inquiet! Je n'aimerois pas à être sourde.

M. Sais-tu bien que, si tu étois née sourde, tu serois aussi muette?

V. Oh! Maman!

M. Tu aimerois donc mieux être aveugle que sourde?

V. Oui, parce que je m'en dédommagerois, du moins, par le plaisir de causer.

M. Comment nomme-t-on la faculté de distinguer les objets en mouvement par le bruit seul qu'ils font?

V. Le sens de l'ouie?

M. Quel en est l'organe?

V. Les deux oreilles. Mais, Maman, l'âne qui a de longues oreilles, entend-il mieux que nous?

M. Cela est croyable; mais il manque d'intelligence. Tu déplorois le sort des sourds: juge donc, ô ma fille, quelle estime, quelle vénération l'on doit à l'abbé DE L'EPÉE et à son digne successeur SICARD pour avoir trouvé et perfectionné l'art de cultiver l'intelligence des sourds-muets de naissance, et pour leur avoir, par des soins paternels, communiqué une multitude d'idées nécessaires, utiles et agréables, dont les auroit privés le défaut de l'ouie!

3°. *L'Odorat.*

M. Ma fille, ferme les yeux.

V. Les voilà bien fermés; que voulez-vous, Maman?

M. Attends, et sois attentive à ce qui va

se passer en toi. . . . Et bien? qu'est-ce que tu sens ?

V. Quelque chose de bon. . . . Ce doit être un bouquet.

M. A présent que sens-tu?

V. Une rose.

M. Qu'est-ce que ceci ?

V. Un œillet.

M. Et cela ?

V. Du jasmin.

M. Maintenant ouvre les yeux, et vois si tu as bien deviné ?

V. Oui, tout juste : je ne pouvois guère m'y tromper.

M. Comment cela ?

V. Parce que j'ai souvent senti les odeurs de ces fleurs-là.

M. Quelles conditions faut-il pour être affecté de l'odeur des corps ?

V. Je crois qu'il suffit d'avoir le nez bien disposé, et d'être assez près des corps odorans.

M. Il faut encore que l'organe ne soit pas trop accoutumé aux impresssions continues de la même odeur.

V. C'est donc là pourquoi, quelque temps après que je suis restée dans une chambre où il y a des fleurs ou des odeurs, je cesse de sentir celles même qui m'avoient le plus frappée en entrant ?

M. Sans doute. Enfin, comment s'appelle cette faculté de discerner les objets par leurs odeurs ? *V*. Le sens de l'odorat.

4°.

4°. *Le Goût.*

M. Vois-tu ces raisins?

V. Comme ils sont beaux!

M. Nous n'en serons pas quittes pour la vue : il faut en manger.

V. Oh! les bons chasselas! ils sont doux comme du sucre.

M. Prends une de ces pêches.

V. Oh! elle a un jus délicieux! la bonté de ce fruit répond à la beauté de ses couleurs.

M. Et au velouté de sa peau... Voyons cette grosse poire; partageons-la.

V. C'est une belle crésanne!... Comme elle a une eau agréable!... C'est dommage qu'elle ait un arrière-goût un peu âpre.

M. Ah! ma fille, il faut souffrir de légers défauts dans les choses, comme dans les personnes que nous aimons. Mais comment juges-tu des qualités des différens alimens?

V. En les goûtant.

M. Et que fais-tu pour bien goûter une chose qui se mange?

V. Je la mets dans ma bouche, je la mâche, je la tourne et retourne, et en même tems je fais attention aux impressions qu'elle excite sur ma langue, à mon palais et dans mon gosier.

M. Comment s'appelle l'action de goûter avec attention et avec plaisir?

V. Je sais qu'il y a un mot qui exprime bien cela... Il ne me revient pas à la mémoire.

M. Cela s'appelle *savourer*. Que dis-tu de ceux qui avalent tout d'un coup ce qu'ils mangent ?

V. Que ce sont des gourmands ou des gloutons. Ceux qui aiment à goûter et à savourer, sont des friands qui ont plus de plaisir.

M. Oui ; mais les friands ont souvent le goût trop délicat, et sont difficiles à contenter. Prends-y garde, ma fille ; on se rend malheureux, en se laissant aller à une trop grande délicatesse et à une excessive sensibilité, soit au physique, soit au moral.

V. Je vous, avoue Maman, que j'aimerois mieux, si ce n'étoit pas un défaut, être friande que gourmande. La gourmandise me semble avoir quelque chose de grossier et d'animal.

M. Il faut, ma chère amie, apprendre de bonne heure à nous modérer sur les plaisirs des sens, et savoir en jouir sans passer les bornes de la raison et de la vertu.

V. Je sais bien, Maman, qu'il ne faut pas se laisser aller à ses désirs, ni à ses appétits, ni à l'envie de manger, comme Eve, du fruit défendu.

M. Tu te rappelles donc l'histoire d'Eve, que tu as vue dans les figures de la Bible ?

V. Oh ! ces histoires-là ne s'oublient pas.

M. Il faut que je te raconte un trait de ta petite amie Sophie Delfort. Elle lisoit, l'autre jour, l'histoire d'Adam qui céda à la tentation de manger du fruit que sa femme lui avoit offert ; elle se mit à pleurer. On lui demanda pourquoi? *C'est*, dit-elle, *que je* suis fâchée qu'Adam n'ait pas pelé la pomme; il auroit eu le temps de la réflexion. A présent dis-moi comment on appelle la faculté de sentir les qualités des choses que l'on mange?

V. Le sens du goût.

---

5. *Le Toucher*.

M. Ferme encore les yeux, et manie cela.

V. C'est une étoffe de laine, grossière et rude.

M. Comment trouves-tu celle-ci?

V. C'est un drap fin, doux et moelleux.

M. Et cette autre?

V. C'est de la soie très-douce.

M. Et ceci?

V. Ce sont des gants de peau, très-fins et très-lisses.

M. Porte la main ici.

V. Ah! c'est du marbre bien poli, mais qui est en même temps dur et froid.

M. Il y a des personnes que l'on compare à du marbre : elles sont polies, mais elles paroissent dures et froides.

V. Oh! je n'aimerois pas des personnes de ce caractère.

M. Elles peuvent plaire au premier abord, mais on ne les aime pas long temps, parce qu'elles sont privées de cette sensibilité pour les intérêts des autres, qui attire et attache. A présent ouvre les yeux, et dis-moi comment on appelle le sens que tu viens d'exercer?

V. C'est le *tact* ou le *toucher*.

M. Quel en est le principal organe?

V. Ce sont les doigts.

M. Comment te sers-tu de tes doigts pour juger de la réalité des corps, de leur forme et de plusieurs de leurs qualités?

V. En maniant doucement et avec attention les corps, en parcourant leur surface avec mes doigts, j'éprouve une certaine résistance qui me les fait juger différens de moi; et je reçois certaines impressions de froid ou de chaud, de dur ou de mou, de rude ou d'uni, qui me font connoître leurs dispositions particulières.

M. Quand tu fermois les yeux tout-à-l'heure, tu ne laissois pas de reconnoître les corps que je te donnois à toucher; et bien, il y a des aveugles fort habiles à distinguer les objets au moyen du tact. Il y en a aux Quinze-vingts, qui comptent de l'argent, jouent aux cartes, et font des choses fort étonnantes. Il y en a aussi à l'institution des aveugles, qui apprennent des métiers, entr'autres celui d'imprimeur. Enfin, dis-moi combien tu distingues de sens?

V. Il y a cinq sens; la vue, l'ouie, l'odorat, le goût et le toucher.

M. Ce sont cinq manières dont notre ame communique avec les objets extérieurs. La vue et l'ouie nous font connoître les objets à différentes distances, par le moyen de la lumière ou de l'air qui nous mettent en commerce avec eux. L'odorat nous fait sentir certaines émanations de particules subtiles, qui partent des corps odorans, traversent l'air, et frappent la membrane nerveuse qui tapisse le nez. Mais le goût et le toucher ne nous font connoître que les corps qui agissent sur nos organes immédiatement ou sans aucune distance. A quoi serions-nous réduits, si nous ne sentions les corps que lorsqu'ils nous touchent, si nous n'appercevions une bête féroce ou venimeuse que par sa morsure ; si nous n'avions pas la faculté de sortir, pour ainsi dire, hors de nous-mêmes ; d'aller au-devant des objets, de les juger de loin et sur le rapport de la vue ou de l'ouie ou de l'odorat, de prendre les précautions nécessaires à notre bien-être ?. L'exercice des sens est une fonction animale, qui nous est commune avec les bêtes : plusieurs espèces semblent avoir été mieux partagées que nous à l'égard de quelques sens. Quelle subtilité dans l'odorat des chiens, des renards, des loups, etc.! Quelle finesse dans l'ouie des chevaux, des ânes, des vaches, des cerfs, etc.! Quelle portée de vue dans les oiseaux, et sur-tout ceux de proie! Mais quels hommages de reconnoissance ne devons-nous pas à l'auteur de la nature, qui nous a rendus si supérieurs aux animaux par l'intelligence et par le sentiment, par les talens et les vertus, à l'exercice desquels est attaché le bonheur de notre vie!

7. LE JARDIN.

Charles, Virginie et leur Mère.

M. Charles et Virginie, voulez-vous faire avec moi un tour de jardin ?

Ch. Oui, maman ; pour vous accompagner, je quitterai volontiers mes lapins dont je voulois nettoyer les cabanes.

V. Et moi, je remettrai à un autre temps le soin de mes serins : d'ailleurs, en me promenant avec vous, j'aurai occasion de ramasser pour eux du séneçon et du mouron.

M. Prenons par cette allée.

V. Oh ! maman, voilà des fraises qui commencent à rougir; nous en mangerons bientôt.

Ch. Il y en aura beaucoup et long-temps ; car je vois bien des fleurs peu avancées, sur les fraisiers.

V. Pourvu que ces vilains turcs ne les fassent pas mourir sur pied, en rongeant les racines, comme il est arrivé l'année dernière.

M. Voyez-vous, mes enfans, comme nos espaliers sont bien préparés ?

Ch. Comme ils sont beaux ! la gelée les a épargnés. Que de fruits déjà noués sur les abricotiers, les pêchers, les poiriers et les pommiers !

V. Et les arbres en plein vent ? Vois les cerisiers, les pruniers, les amandiers, les coignassiers et les figuiers ! comme ils promettent !

M. Oubliez-vous les groseilles ?

Ch. Les groseilliers ne manquent guères de bien rapporter tous les ans.

V. Ne dirons-nous rien des framboisiers, de la vigne, des noisetiers, des alisiers et des cormiers ?

M. Allons, si le reste de l'année se comporte bien, et que sur-tout il n'arrive pas de grêle, nous aurons des fruits en abondance, pour les quatre saisons.

V. Maman, qu'est-ce qu'on entend par plantes potagères ?

M. Ce sont les plantes que l'on cultive dans le même jardin que celles qui sont destinées au pot; d'où l'on dit le jardin potager. Mais l'on entend, en général, par *plantes potagères*, celles que le jardinier cultive pour faire partie de nos alimens. Voyons, Charles, si, d'après cela, tu me nommerois bien les plantes potagères.

Ch. Je vois, parmi les plantes que l'on met au pot, les choux, les carottes, les navets, les poireaux, les oignons; parmi celles que l'on mange, l'oseille, les laitues, les chicorées, la poirée ou bette, les pois, les haricots, les lentilles, les fèves de marais, les pommes de terre, les artichauds, les asperges, les raves ou radis, les betteraves, les salsifix, les scorsonères, les épinards, les melons, les concombres, les citrouilles ou giraumons; parmi celles qui servent d'assaisonnement, l'ail, les échalottes, le persil, le cerfeuil, la pimprenelle, la capucine, le cresson alenois, la moutarde, et quelques autres.

---

8. *Le Papillon.*

Ch. O ma sœur, le joli papillon qui voltige devant nous! Que je voudrois bien le prendre!

M. Suis-le assez doucement pour ne pas trop agiter l'air, attends qu'il se repose sur quelque plante, couvre-le aussi-tôt de ton chapeau, et passe vîte la main par-dessous pour le saisir.

Ch. Comme il est léger et inconstant! à peine reste-t-il un instant sur la fleur, qu'il semble chercher. . . . Ah! comme il est leste à s'esquiver! . . . Je t'attraperai à la fin, mon petit lutin. . . . Ah! te voilà pris.

V. Apporte-le moi, mon frère; que je le voie. . . . Oh! qu'il est charmant! comme ses ailes sont peintes de couleurs vives et agréablement nuancées!

Ch. Tiens-le bien, Virginie; car il s'envoleroit bien vîte.

V. Et quel malheur y auroit-il, quand il reprendroit sa liberté? Est-ce que tu veux le tuer, mon frère? Ah! épargne un aussi joli petit animal!

M. Savez vous, mes enfans, ce que c'est que cet insecte que vous admirez, et que vous seriez tentés d'aimer?

Ch. Quoi! maman, est-ce que ce seroit un être méchant, caché sous d'aussi beaux beaux dehors?

V. Il a l'air si doux! si innocent!

M. Et bien, mes enfans, cet animal si charmant en apparence, si doux, si bien décoré, a été chenille; et à présent il ne cherche qu'à pondre des œufs d'où pourroient éclorre des légions de chenilles, de ces vilains insectes qui, dans certaines années, dévorent tout dans les jardins et les campagnes.

Ch. Voilà pourtant, ma sœur, comme on se laisse prendre par les yeux, quand on est sans expérience ou sans instruction!

M. Mes enfans, vous voyez qu'il ne faut pas toujours prendre les gens à la mine.

---

9. LA BASSE-COUR.

Virginie et sa Mère.

M. D'où viens-tu, Virginie?

V. De la basse-cour, maman, où je me suis bien amusée à jeter des poignées d'orge aux volailles. Comme elles accourent et se rassemblent devant moi, dès que je me présente le matin!

M. Oui, parce que tu as les mains pleines, et qu'elles s'ouvrent libéralement pour les nourrir.

V. Elles m'aiment pour mes bienfaits.

M. Me dirois-tu bien de suite les noms des oiseaux qu'on élève dans les basse-cours?

V. Je le crois; mais par-où commencer?

M. Par les espèces les plus communes.

V. Et bien, ce sont les poules, les poulets et les coqs qui ont l'air fier, et se battent souvent. Ensuite ce sont les canes, leurs canettes, et les canards, qui ont tous un vilain chant et une démarche ridicule.

M. Qu'est-ce qui vient après ?

V. Les oies qui ont l'air bête, qui sifflent comme des serpens, en alongeant leur tête et leur cou, quand elles se fâchent. Elles chantent aussi fort mal.

M. Les cris de l'oie, pour être désagréables, ne sont pas tant à mépriser. Cet oiseau est une garde ou une sentinelle très-vigilante. Son sommeil est léger ; dès qu'il entend quelque bruit qui lui donne l'alarme dont il est susceptible, il jette des cris très-perçans. Les Romains en avaient bien profité une certaine nuit mémorable, que les Gaulois étoient montés silencieusement pour s'emparer du Capitole. Les oies se mirent à crier, et avertirent les soldats de l'approche de l'ennemi. En reconnoissance de ce service, les oies furent mises, chez les Romains, au nombre des oiseaux sacrés.

V. Après les oies, viennent les poules-d'Inde. Le coq d'Inde a l'air bien colère, quand sa fraise rougit, et qu'il glousse.

M. N'as tu pas remarqué comme il se pavane en étalant sa queue en forme de roue? Il veut faire le beau; mais il n'a l'air que d'un sot, et sa vaine colère ne fait que rendre sa sottise plus ridicule. Mais tu n'oublieras pas le plus superbe des oiseaux.

V. C'est le paon. Je me souviens d'en avoir vu un très-beau chez M. Dorsay. Mon papa nous faisoit admirer sa taille grande, son port imposant, sa démarche noble, les proportions de son corps élégantes et sveltes. Il devenoit magnifique, quand, au soleil, il étaloit les richesses éblouissantes de sa queue. Il y avait aussi une paonne moins richement vêtue, mais intéressante par trois jeunes paonneaux dont elle étoit mère, et qui lui paroissoient bien attachés.

M. N'as-tu pas vu aussi des pintades?

V. Oui, l'on nous fit observer que leur corps noir, ponctué de blanc, étoit comme peint avec un pinceau, que c'est de-là qu'est venu leur nom; mais que ces beaux oiseaux étoient si criards et si difficiles à élever, qu'on songeoit à s'en défaire, quoique leur chair fût d'un goût exquis.

M. On a raison de ne pas s'attacher à des hôtes si importuns. Il en est de même de ces enfans bruyans et difficiles à contenter : on n'aime pas à les recevoir chez soi, et encore moins à les garder quelque temps.

---

10. LA MAISON DE CAMPAGNE.

Charles et son Père.

P. Charles, dépêche-toi de prendre ta leçon de lecture.

Ch. Pourquoi, Papa? Est-ce que nous devons faire une promenade?

P. Oui, nous irons voir un de nos amis.

Ch. Lequel est-ce? car je vous en connois plusieurs. . . . Seroit-ce M. Dorsay?

P. Tout juste; je vois, avec plaisir, que tu penses à lui.

Ch. Il m'a témoigné tant de bontés, Monsieur Dorsay!

P. Comment trouves-tu sa maison de campagne?

Ch. Fort agréable, de quelque côté qu'on la considère.

P. Que dis-tu des bâtimens et des jardins?

Ch. Que les bâtimens sont beaux, bien distribués et bien commodes; et que les jardins sont bien dessinés et parfaitement entretenus. Oh! M. Dorsay a de bons jardiniers; et l'on peut dire que les domestiques sont là, tels que le maître, de braves gens.

P. Et les dehors de la maison?

Ch. Ils sont charmans.

P. Et les terres labourables?

Ch. Très-fertiles et bien cultivées. Aussi sont-elles couvertes de riches moissons en froment, en seigle, en orge et en avoine.

P. Et les vignes?

Ch. Elles sont bien exposées, bien plantées, et passent pour donner un des meilleurs vins du pays.

P. Comment trouves-tu les bois?

Ch. Très-grands, bien percés, et garnis de beaux arbres.

P. Qu'est-ce que tu y as remarqué de plus intéressant ?

Ch. Des fraises dans le printemps, des noisettes dans l'été; des cormes, des alises, des neffles, des châtaignes dans l'automne; et, toute l'année, du gibier et de la grosse bête. Il y a aussi un étang rempli de poissons; des fontaines d'un frais délicieux dans la belle saison, et chaudes en hiver. Il faudra, papa, les aller voir, et nous y désaltérer ; car il fait bien chaud.

P. Va donc vîte étudier ta leçon, et remplir un des devoirs de ton âge.

Ch. Je vais m'y appliquer et contenter maman.

II. *Le Soleil.*

P. Vois-tu, Charles, comme le soleil couchant est beau ?

Ch. Oui, papa, il a été bien plus brillant cet après-midi que toute la matinée; le ciel étoit couvert, et le temps sombre.

P. Tu aimes donc la présence du soleil?

Ch. Oui, quand il n'est pas trop chaud.

P. Et lors même qu'il nous incommode par sa chaleur, il ne laisse pas de nous faire du bien.

Ch. Comment cela ?

P. C'est qu'il mûrit nos moissons et nos fruits. Quand nous le trouvons trop vif pour nous, c'est à nous à chercher un abri, et nous tenir à l'ombre.

Ch. Non, il ne faut pas nous plaindre du soleil : il rend tout plus gai dans le monde; il embellit la campagne, sur-tout les côteaux et les bois. . . . Oh! papa, comme le soleil produit, avant de nous quitter, un bel effet dans le ciel! Comme il colore les nuages, les uns d'un rouge vif, et les autres d'un pourpre magnifique !

P. Souvent le soleil n'est pas moins charmant à voir le matin, que ce soir. Ce beau temps du matin est ce qu'on appelle aurore.

Ch. Mais, papa, connoît-on le soleil?

P. Tu es encore trop jeune, mon ami, pour comprendre tout ce que les gens instruits savent de ce bel astre. A présent il doit te suffire de connoître ses effets les plus sensibles dans le monde.

Ch. Le soleil nous éclaire et nous échauffe. Sa présence fait le jour, son absence fait la nuit. Après avoir disparu le soir, il ne manque point de reparoître le lendemain, et de ramener le jour. Il est quelquefois caché par les nuages.

P. Crois-tu que le soleil ne soit fait que pour nous seuls?

Ch. Il y auroit bien de l'orgueil à nous, de croire cela. Le soleil luit pour tout le monde.

P. Comme nous avons des yeux, nous sommes faits pour jouir des admirables effets de la lumière. Mais que d'êtres vivans sur la terre, dans les airs et dans les eaux, ont aussi des yeux! Tous ces êtres, et même une infinité d'autres privés de ce sens, reçoivent encore les douces influences de la chaleur et de la lumière du soleil, tels que les végétaux.

Ch. Pourquoi le soleil d'hiver est-il si différent du soleil d'été?

P. Mon enfant, on ne peut encore t'expliquer clairement qu'une partie des choses que tu pourras un jour entendre là-dessus. Sais-tu d'abord ce que c'est que l'horison?

Ch. J'en entends souvent parler; je vous prie de me dire ce que c'est précisément.

P. On appelle *horison sensible* cette espèce de cercle où se borne notre vue, et où le ciel et la terre semblent se joindre. Or, te souviens-tu que, l'hiver dernier, le soleil à midi étoit très-peu élevé sur l'horison, en comparaison de ce que tu l'as vu aujourd'hui à midi?

Ch. A présent que nous sommes en été, le soleil passe, à midi, presque au-dessus de nos têtes; au lieu qu'en hiver, on ne le voit guère plus élevé que le plan qui passe par cet arbre-là (*Il montre un arbre qui est à une certaine distance, et situé au midi*).

P. A quelle heure le soleil se lève-t-il et se couche-t-il dans les premiers jours de l'été et de l'hiver?

Ch. Le soleil va se coucher, et il est près de huit heures; il s'est levé ce matin vers quatre heures. Au contraire, en hiver, il ne se lève qu'à huit heures du matin, et se couche dès quatre heures du soir.

P. Combien donc le soleil est-il de plus sur l'horison, l'été que l'hiver ?

Ch. Quatre heures le matin, et quatre heures le soir : cela fait huit heures de plus ; et les grands jours d'été sont de seize heures, taudisque les petits jours d'hiver ne sont que de huit heures.

P. Tu comprends que le soleil demeurant plus long-temps, en été qu'en hiver, sur l'horison, et y étant plus élevé ou d'à-plomb, il doit nous échauffer bien davantage.

Ch. J'espère, papa, que par la suite, quand je serai plus instruit, je comprendrai mieux tout cela.

P. Sans doute. Mais, en ce moment, regarde le soleil qui est à plus de moitié sous l'horison.

Ch. Ah! nous ne le voyons plus; c'en est fait pour nous jusqu'au lendemain.

P. Mais nous avons encore une heure de jour pour nous rendre à la maison.

---

12. LA LUNE.

Virginie et sa Mère.

V. Maman, voilà le soleil qui se couche.

M. Que va-t-il s'en suivre, ma fille ?

V. La nuit.

M. D'où provient la nuit ?

V. Je vois bien que c'est de l'absence du soleil; mais je vous prierois de m'expliquer cela.

M. Voici, je pense, ce que tu peux entendre sur ce sujet : le soleil étant sous l'horison, ses rayons, qui vont en ligne droite, sont arrêtés par l'épaisseur de la terre qui s'élève entre lui et nous, comme un mur de séparation. Ces rayons ne parvenant plus directement à nous ni aux objets qui nous environnent, ceux-ci sont privés de lumière, et se trouvent plongés dans l'ombre. Tourne-toi du côté opposé au soleil, et regarde ce grand corps rouge, qui paroît toucher le ciel et la terre.

V. Je le reconnoîs : c'est la lune qui se lève. Il y a un mois que je l'ai vue comme cela. Elle est dans son plein.

M. A quoi reconnois-tu que c'est la pleine-lune ?

V. Au cercle lumineux qu'elle nous présente.

M. Conservera-t-elle cette nuit la grandeur et la rougeur que nous lui voyons en ce moment ?

V. Je me souviens qu'il y a un mois, à mesure qu'elle s'élevoit dans le ciel, elle devenoit moins large et plus blanche. Son éclat, à la fin, ressembloit à celui de l'argent poli.

M. Comment trouves-tu donc la lumière de la lune, en comparaison de celle du soleil?

V. Plus douce et plus gracieuse. J'aime bien à me promener au clair de la lune.

M. Sais-tu d'où vient ce plaisir?

V. Je n'ai guère songé qu'à en jouir, sans m'en rendre raison. Il me semble que j'éprouve, en ce moment, plusieurs impressions qui contribuent aux délices de la promenade. Mais je ne peux démêler tout cela.

M. Fais attention aux circonstances dans lesquelles nous nous trouvons : la fraîcheur de l'air, le silence de la nuit, la foible clarté des objets voisins, et leurs ombres rembrunies, la beauté du ciel étincelant d'étoiles, la solitude, le besoin de repos, la disposition à rentrer en nous-mêmes, la pente à la rêverie; tout cela nous pénètre, et produit en nous une sorte d'enchantement.

ART. III. LECTURE

DE PHRASES en Maximes, Sentences, Proverbes, etc.

1. *MAXIMES GÉNÉRALES.*

TRAITEZ les autres comme vous voulez qu'ils vous traitent.

Aimez Dieu plus que tout, comme la première source de tous les biens; aimez vos père et mère, comme la seconde source des biens dont vous jouissez; ensuite vos parens, vos bienfaiteurs, vos amis et tous vos semblables.

Dans l'occasion, soyez bienfaisant pour tous ceux qui ont besoin de vous: le bienfait de la veille embellit le lendemain.

N'oubliez point le service que vous avez reçu, et ne rappelez pas celui que vous avez rendu.

Celui qui n'aime que soi, est l'ennemi de tout le monde : de qui mériteroit-il d'être aimé ?

Les hommes pardonnent quelquefois

la haine, mais non le mépris.

La discrétion est à l'ame ce que la pudeur est au corps : elle cache ce qu'il convient de ne pas montrer ; et un excès de franchise est une espèce d'indécence.

La patience est amère ; mais son fruit est doux.

La bonne éducation consiste moins en préceptes qu'en exercices : la meilleure est celle qui fait contracter les les meilleures habitudes.

Le doute est l'école de la vérité ; et l'étude réfléchie est la source du vrai savoir.

Quand le cœur s'ouvre aux passions, il donne entrée aux peines, aux tourmens, aux chagrins et aux remords. Les passions violentes sont autant de tigres qui nous déchirent.

II. PROVERBES DE DIVERSES NATIONS.

1°. ORIENTAUX.

Le véritable orphelin n'est pas celui qui a perdu son père ; c'est celui que son père a laissé sans éducation.

L'impatience dans l'affliction, est le comble de l'affliction.

Les chiens aboient à la lune; mais la lune n'en brille pas moins.

2°. ESPAGNOLS.

C'est une belle prière que celle-ci: Mon Dieu! gardez-moi de moi-même.

La vaine gloire a des fleurs, et n'a point de fruits.

Fuis pour un moment l'homme colère, et pour toujours l'homme dissimulé.

Trois beaucoup *et trois* peu *sont pernicieux à l'homme: beaucoup* parler *et peu* savoir; *beaucoup* dépenser *et peu* avoir; *beaucoup* présumer *et peu* valoir.

3°. ITALIENS.

Attends le soir pour louer un beau jour: attends la mort pour louer une belle vie.

Qui parle, sème; qui écoute, recueille.

La plus mauvaise roue d'un charriot, est celle qui fait le plus de bruit.

*(1) *Le meilleur citoyen n'est pas celui qui fait le plus parler de lui.*

---

(1) On marque, par ce signe *, les additions qu'on s'est permis de faire.

Le méchant est comme le charbon; s'il ne vous brûle pas, il vous noircit. * *Evitez-le.*

4°. *ANGLOIS.*

Dieu ne nous a pas bâti de ponts; mais il nous a donné des mains, * *et l'industrie,*

Si vous aimez la vie, ne perdez pas le temps; car la vie en est faite.

L'oisiveté ressemble à la rouille; elle use plus que le travail : la clé dont on se sert, est toujours claire.

Le manque de soin fait plus de tort que le manque de savoir.

Les enfans et les fous s'imaginent que vingt ans et vingt francs ne peuvent jamais finir.

5°. *FRANÇAIS.*

Il n'y a point de roses sans épines.

Les honneurs changent les mœurs.

Maison bâtie et vigne plantée ne se vendent pas ce qu'elles ont coûté.

Un mors doré ne rend pas le cheval meilleur.

Avec le temps et de la patience, on acquiert la science.

A bon appétit il ne faut point de sauce.

Dis-moi qui tu hantes, je te dirai qui tu es.

III. *MAXIMES* DE PLUSIEURS HOMMES CÉLÈBRES.

1°. DE *FRANKLIN.*

POUR l'homme bien avisé, il ne faut que peu de paroles.

La paresse va si lentement, que la pauvreté l'atteint tout d'un coup.

La faim regarde à la porte de l'homme laborieux; mais elle n'ose entrer.

Se coucher de bonne heure et se lever matin, sont les deux meilleures moyens de conserver sa santé, sa fortune et son jugement.

Celui qui vit sur l'espérance, court risque de mourir de faim.

Un métier vaut un fonds de terre.

Ayez la volonté et la persévérance, et vous verrez des merveilles. De petits coups abattent de grands chênes; et l'eau qui tombe constamment goutte à goutte, creuse la pierre et la consume.

Quand le puits est sec, on connoît la valeur de l'eau.

Il est plus aisé de réprimer la première

fantaisie, que de satisfaire toutes celles qui viennent ensuite.

2°. DE DUCLOS.

Il y a parmi nous beaucoup d'instruction et peu d'éducation. On n'apprend pas assez à chercher ses avantages personnels dans le plan du bien public : ce qui est nécessaire pour former de véritables patriotes.

La politesse est l'expression ou l'imitation des vertus sociales. La vraie politesse est une manière délicate de témoigner notre estime aux autres : elle suppose de la bienveillance, de l'indulgence, de la discrétion et de la prudence.

Les qualités propres à la société sont la politesse sans fausseté, la franchise sans rudesse, la prévenance sans bassesse, la complaisance sans flatterie, les égards sans contrainte, et la bienfaisance sans foiblesse.

3°. DE LA BRUYÈRE.

Ceux qui blâment les livres et les maîtres qui les ont instruits, sont semblables à ces enfans qui, drus *et forts d'un bon lait qu'ils ont sucé, battent leur nourrice.*

Un sot n'entre, ni ne sort, ni ne s'assied, ni ne se lève, ni ne se tait, ni n'est sur ses jambes comme un homme d'esprit.

L'esprit de la conversation consiste bien moins à montrer beaucoup d'esprit, qu'à en faire trouver aux autres. Celui qui sort de de votre entretien, content de soi et de son esprit, l'est de vous parfaitement.

C'est une grande misère, que de n'avoir pas assez d'esprit pour bien parler, ni assez de jugement pour se taire : voilà le principe de toute impertinence.

L'incivilité n'est pas un vice de l'âme; elle est l'effet de plusieurs vices : de la sotte vanité, de l'ignorance de ses devoirs, de la paresse, de la stupidité, de la distraction, du mépris des autres, de la jalousie.

Les enfans ont déjà de leur ame l'imagination et la mémoire. * *Il ne leur manque guère que la raison qui a besoin de l'expérience.*

La paresse, l'indolence et l'oisiveté, vices si naturels aux enfans, disparoissent dans leurs jeux, où ils sont vifs, appliqués, exacts, amoureux des règles et de la symétrie, où ils ne se pardonnent nulle faute les uns aux autres, et recommencent eux-mêmes plusieurs fois une seule chose qu'ils ont manquée : présages certains qu'ils pourront un jour négliger leurs devoirs, mais qu'ils n'oublieront rien pour leurs plaisirs.

Aux enfans tout paroît grand, les cours, les jardins, les édifices, les meubles, les hommes, les animaux : aux hommes les choses du monde paroissent ainsi, et j'ose dire par la même raison, parce qu'ils sont petits.

Le stupide ne parle point; le sot est

embarassé de sa personne; le fat a l'air libre et assuré; l'impertinent passe à l'effronterie: le mérite a de la pudeur.

4°. DE LA ROCHEFOUCAULT.

C'est en quelque sorte se donner part aux belles actions, que de les louer.

L'amour propre est le plus grand de tous les flatteurs. * *Soyons en garde contre les surprises.*

La bonne grace est au corps ce que le bon sens est à l'esprit.

Un sot n'a pas assez d'étoffe pour être bon.

On donne des conseils, mais on ne donne pas la sagesse d'en profiter.

Un homme à qui personne ne plaît, est bien plus malheureux que celui qui ne plaît à personne.

C'est une louable adresse, de faire recevoir doucement un refus par des paroles civiles, qui réparent le défaut du bien qu'on ne peut accorder.

La sagesse est à l'ame ce que la santé est au corps.

C'est une ennuyeuse maladie, que de conserver sa santé par un trop grand régime.

Ce qui nous rend la vanité des autres insupportable, c'est qu'elle blesse la nôtre.

5°. DE PLUSIEURS ANCIENS.

PLUTARQUE dit *qu'on se presse d'apprendre aux enfans à parler, et qu'il conviendroit de leur apprendre aussi à se taire.*

Qu'on blâme mon silence, disoit CATON que l'on accusoit d'être taciturne, *pourvu qu'on approuve ma conduite.*

Quand PLATON voyoit commettre une faute, il ne s'arrêtoit pas à la blâmer; il rentroit en lui-même et se disoit : *N'ai-je jamais rien fait de semblable ?*

SOCRATE ne vouloit pas qu'on se fâchât contre celui qui lui refusoit le salut. *Dois-je me fâcher*, dit-il, *parce que je suis plus civil que lui ?*

THEANO, femme de Pythagore, disoit que *l'honneur d'une femme consiste à filer sa quenouille, à prendre soin du ménage, et à élever ses enfans.*

DIOGÈNE, voyant un jeune homme rougir d'un mot peu honnête qu'on venoit de prononcer, lui dit : *courage, mon ami, je vois sur votre visage le coloris de la vertu.*

CHILON, un des sept sages de la Grèce, voyant quelqu'un qui se plaignoit beaucoup de ses maux, lui dit : *Eh ! mon ami, considère les maux des autres ; les tiens te paroîtront bien plus légers.*

Etant jeune encore, dit SAADI, *j'avois coutume de me lever la nuit pour prier Dieu. Une certaine nuit que ma famille dormoit, excepté mon père, près de qui j'étois, je lui dis : Voyez-vous, mon père ; pas un ne lève seulement la tête pour prier. Ils dorment d'un sommeil si profond qu'on diroit qu'ils sont tous morts. Mon père me ferma la bouche, en disant : Il vaudroit mieux que tu dormisses comme ils dorment, que d'observer leurs défauts.*

Le même sage disoit que *la langue, dans la bouche d'un homme vertueux, est la clé qui ouvre un trésor*; et que *les trois choses les plus difficiles sont de taire un secret, d'oublier une injure, et de bien user de son loisir.*

6°. *de Salomon.*

Instruisez votre fils, il vous consolera, et il deviendra les délices de votre ame.

La correction donne la sagesse; mais l'enfant qui est abandonné à sa volonté, couvrira sa mère de confusion.

Une réprimande sert plus à un enfant sage, que cent coups à un insensé.

Celui qui profite des avis et des corrections, est dans le chemin de la vie; mais celui qui néglige les réprimandes, s'égare; celui qui les hait, est un insensé.

O que celui qui abandonne son père, s'acquiert un mauvais renom! et combien est maudit de Dieu, celui qui aigrit l'esprit de sa mère!

La langue qui profère des mensonges, est en abomination au Seigneur; mais ceux qui agissent avec sincérité, lui sont agréables. * *Ils sont aussi chéris des hommes.*

J'ai été, dans ma tendre enfance, bien

aimé de mon père, et bien gouverné par ma mère qui me tenoit auprès d'elle, pour y recevoir autant d'instructions que de caresses. Tandisque je prenois les divertissemens de mon âge, elle vouloit que j'eusse l'esprit attentif, et le cœur ouvert pour écouter. Elle avoit toujours quelque bonne parole à me dire. Elle me disoit souvent : Mon fils, aime la sagesse et la vertu plus que tous les biens du monde; le reste n'est que vanité.

La crainte du Seigneur est le principe de la sagesse : nul n'est plus grand que celui qui craint Dieu.

Les hommes qui n'ont point la connoissance de Dieu, ne sont que vanité; eux qui, par la vue des merveilles de la nature, n'ont pu s'élever jusqu'à l'Être suprême. S'ils admirent le pouvoir et les effets du feu, du vent, des mers, du soleil, de la lune et des étoiles, qui sont les créatures; qu'ils comprennent combien est plus puissant celui qui les a créés : car la grandeur et la beauté des créatures peut rendre en quelque sorte visible le Créateur.

Les ames des justes sont dans la main de Dieu; ils paroissent morts aux yeux des insensés. Leur sortie du monde passe pour le comble de la misère; mais ils sont pleins de l'espérance de l'immortalité qui leur est promise. Leurs maux sont légers, et leur récompense sera grande, parce que Dieu les a trouvés dignes de lui. Au temps de la visite, les justes seront tout éclatans de lumière. Les méchans, en les voyant, diront : Voilà ceux que nous avons méprisés ; cependant les voilà élevés au rang des enfans de Dieu. Pour nous, insensés que nous étions, nous nous sommes lassés dans la voie de l'iniquité. Nos richesses et nos plaisirs ont passé comme l'ombre et comme un courier, ou comme un vaisseau qui fend les flots agités, et qui ne laisse après lui aucune trace sur les eaux, ou comme un oiseau qui vole en l'air, ou une flèche lancée vers son but.

ART. IV. TRAITS D'HISTOIRE, RELATIFS A DES ENFANS.

1. *LECTURE DE L'ALPHABET.*

LE jeune ATTICUS, fils d'un riche Athénien, avoit bien de la peine à apprendre les vingt-quatre lettres de l'alphabet grec.

Que fit son père, qui n'épargnoit rien pour son instruction ? il imagina d'avoir dans la maison vingt-quatre serviteurs, sur l'habit desquels il fit peindre une des lettres de l'alphabet. Chaque esclave s'appela du nom de la lettre qu'il portoit.

Par ce moyen, l'enfant qui voyoit à tout moment chacun de ces esclaves aller et venir, et s'appeller entr'eux, apprît facilement et en peu de temps à bien distinguer toutes les lettres. On ne pouvoit plus le prendre en défaut sur aucune de celles qu'on lui montroit dans les livres.

Tous les parens ne sont pas assez riches pour employer un moyen aussi dispendieux. Mais l'usage des figures gravées, dont chacune porte le nom d'une des lettres, peut rendre le même service à tout le monde.

II. *IDÉE singulière d'un Indien de l'Amérique, sur l'Écriture.*

Un esclave indien qui ne comprenoit pas comment l'écriture peint les pensées, s'étoit imaginé que le papier parloit tout bas à celui qui le lisoit.

Un jour il fut chargé par son maître de porter à un ami, habitant de la campagne, un panier de figues, avec une lettre. Il fut tenté en chemin de goûter aux figues. Il en mangea une; il la trouva si bonne, qu'il en prit une autre; et, ne résistant pas à sa gourmandise, il en avala plusieurs. Quand il fut arrivé, l'ami lût la lettre et compta les figues; il n'en trouva pas le nombre qui lui étoit annoncé. Il accusa l'esclave d'en avoir mangé. L'Indien nia le fait; mais sa conscience le lui reprochoit. Il se mit à maudire le papier, et à le traiter de menteur. Son maître, instruit de sa fraude et de ses propos naïfs contre l'écriture menteuse, prit plaisir à éprouver sa fidélité une seconde fois, et le chargea encore de porter un pareil panier de figues. L'Indien croyoit pouvoir tromper le papier, et l'empêcher de témoigner contre lui, en cachant la lettre. Se voyant en chemin au coin d'un bois, sans témoin, il posa la lettre sur le gazon, et la couvrit d'une énorme pierre; puis il se mit à manger des figues à son aise, se croyant bien en sûreté et se réjouissant du tour. Mais il fut bien surpris, quand il se vit encore accusé, après son arrivée, d'avoir mangé quinze des figues qui manquoient au nombre que portoit la lettre. Il avoua sa faute, et il admira la vertu, magique pour lui, du papier et de l'écriture qui parle aux yeux.

III. *De l'Imprimerie.*

Le papier imprimé est bien une autre merveille que l'écriture. Il n'y a pas quatre siècles qu'on a trouvé l'art d'imprimer. Auparavant on copioit, à la main, tous les livres qu'on vouloit multiplier. Ce travail étoit très-long; et l'on payoit plus de douze francs un petit livre qu'on achète aujourd'hui pour dix ou douze sous.

On imprime avec de petits morceaux de plomb durci par un mélange d'antimoine. Chaque petit morceau, long d'un pouce, et uni sur les côtés, porte à un des bouts la figure d'une lettre qui a été moulée, et s'appelle *caractère*. Il y en a pour toutes les lettres : ce sont des *a*, des *b*, des *c*, etc. Ces caractères sont distribués avec ordre dans de petites caisses de bois, nommées *cassetins*. L'ouvrier *compositeur*, qui copie un manuscrit, choisit dans les cassetins les lettres convenables pour former les mots de la copie. Il range les mots en lignes de même longueur ; les lignes en pages, et un certain nombre de pages dans un chassis ou cadre de fer : ce qui compose une planche, ou une *forme*.

Cet ouvrier, ou un autre, place la forme sous la *presse*; et, prenant une espèce d'encre à l'huile avec deux grosses balles, il en touche, à plusieurs coups, les lettres de la forme ; puis il y applique une feuille de papier humecté, et il serre la vis de la presse. L'encre des lettres s'attache au papier qui se trouve ainsi imprimé, comme vous le voyez dans les livres.

On multiplie ainsi, autant qu'on veut, les feuilles d'impression. Deux ouvriers, en un jour, font, sans peine, ce que trente écrivains copistes ne pourroient exécuter dans un mois.

Le premier qui s'est avisé d'imprimer, paroît être JEAN GUTTEMBERG, de Mayence. Il s'associa JEAN FAUST, ou FUST, riche habitant de la même ville. Ils gravèrent d'abord sur des planches de bois. Mais un de leurs domestiques, nommé PIERRE SCHŒFFER, leur donna l'idée des caractères mobiles, exécutés d'abord en bois et ensuite en métal. SCHŒFFER, pour récompense de son industrie, épousa la fille de FUST. Il méritoit bien une pareille fortune pour une aussi belle invention.

Ceux qui vinrent les premiers à Paris vendre des livres imprimés, étonnèrent au point qu'on les regarda comme des magiciens.

IV. *IMPORTANCE DE L'ÉDUCATION.*

LICURGUE, qui a donné des lois aux Lacédémoniens, voulut leur montrer les effets de l'éducation. Il choisit deux chiens nouveaux nés et de même race : il nourrit l'un avec délicatesse, et il forma l'autre aux exercices de la chasse. Quand l'âge eut fortifié le corps et les habitudes de ces deux élèves, il les fit amener dans la place publique. On posa devant eux des mets friands, et on lâcha aussi-tôt un lièvre. L'un des chiens se jeta sur les mets dont il avoit coutume d'être nourri ; et l'autre se mit aussitôt à poursuivre le lièvre avec ardeur. En vain l'animal timide cherche à éviter l'ennemi : le chien, bon chasseur, le presse et l'attrape. Tout le peuple applaudit à son agilité et à son adresse.

Alors LICURGUE, s'adressant à l'assemblée, ces deux chiens, dit-il, sont de même race; vous voyez cependant la différence que l'éducation a mise entr'eux.

2. Un Athénien fort riche pria ARISTIPPE de se charger de l'éducation de son fils. Le philosophe ayant demandé une somme assez considérable, le père avare se récria sur le prix. Je pourrois, dit-il, avoir pour bien moins un esclave capable d'instruire mon fils.—Eh bien! répondit ARISTIPPE, achetez cet esclave; il fera de votre fils un homme semblable à lui par les sentimens. Voyez quel profit! au lieu d'un esclave, vous en aurez deux.

3. Lorsque ALEXANDRE LE GRAND vint au monde, PHILIPPE, son père, écrivit au philosophe ARISTOTE ces paroles: « je vous » apprends que le ciel vient de me donner » un fils. Je rends graces aux dieux, moins » du présent qu'ils me font, que de l'avoir » fait du temps d'ARISTOTE; car j'espère, » qu'élevé et instruit par vous, il deviendra » digne de nous, et capable de gouverner » un aussi grand royaume. »

4. Un père avoit fort à cœur de procurer à son fils une excellente éducation. Il connoissoit de réputation ROLLIN, comme un des plus habiles maîtres de son tems. Il vint le trouver pour lui confier son fils. ROLLIN lui fit parcourir tous les logemens, et lui montra qu'il n'y avoit pas une seule place à

donner. Ce bon père, qui estimoit encore plus ROLLIN depuis qu'il s'entretenoit avec lui, ne se déconcerta pas, et dit : *Monsieur, je suis venu à Paris exprès pour remettre mon fils entre vos mains ; je partirai demain, je vous enverrai un lit et mon fils. Je n'ai que lui ; vous le mettrez dans la cour, à la cave, où vous voudrez ; il sera trop heureux d'être auprès de vous, et je n'aurai aucune inquiétude.* Il fit comme il l'avoit dit. ROLLIN reçut l'enfant, le mit dans son propre cabinet, en attendant qu'il eût une place vacante parmi les autres pensionnaires.

V. Le plus bel ornement des Mères.

CORNÉLIE, dame romaine, fort illustre, reçut un jour la visite d'une étrangère; celle-ci crut beaucoup se faire valoir en lui montrant ses joyaux et ses bijoux. Elle finit par demander à CORNÉLIE à voir les siens. Cette excellente mère détourna adroitement la conversation, et entretint l'étrangère jusqu'à l'heure où ses enfans avoient coutume de revenir des écoles. Ils arrivent en effet. Elle les présente aussi-tôt à la dame étrangère, en disant: *Voici mes ornemens les plus précieux. Si mes enfans sont bien élevés, ils feront honneur à leur famille et à leur patrie.*

VI. Le petit raisonneur déraisonnable.

Le petit GERMEUIL avoit pris l'habitude détestable de ne point écouter les avis qu'on lui donnoit. Un jour qu'il passoit auprès d'une ruche, et qu'il agitoit avec une baguette les abeilles qui sortoient pour aller aux champs, son papa l'avertit de ne pas les agacer: *elles sont dangereuses*, lui dit-il, *quand on les trouble dans leur travail. Bon*, dit GERMEUIL, *si c'étoit un gros chien, j'en aurois peur: mais de petits insectes comme ceux-là! j'en abattrois un cent d'un coup de mouchoir.* Le petit raisonneur frappe la ruche avec sa baguette. A l'instant il sort un essaim d'abeilles, qui se jettent sur lui, le poursuivent et le piquent au visage, au cou, aux mains, aux bras, aux jambes, et par-tout où leur aiguillon peut pénétrer. Il en fut très malade, et il apprit, à ses dépens, à croire les personnes qui avoient plus d'âge, d'expérience et de raison que lui.

VI. *La belle et la bonne.*

CÉCILE avoit de beaux yeux, une jolie bouche, de vives couleurs; mais, à force de s'entendre louer, elle devint vaine de sa beauté, et dédaigneuse à l'égard des autres petites filles. Elle ne pouvoit supporter les personnes qui avoient quelque défaut dans la figure ou dans la taille. Elle ne s'occupoit que de bagatelles, et se refusoit à toute instruction, disant que *cela l'ennuyoit, et qu'elle n'avoit pas besoin d'en savoir si long pour plaire.*

JOSÉPHINE, sa sœur cadette, étoit presque laide; mais elle étoit douce, prévenante, appliquée : elle savoit lire avant que CÉCILE connût toutes ses lettres.

La petite vérole se répandit dans le pays; et les deux sœurs l'eurent ensemble. JOSÉPHINE supporta son mal avec patience; mais CÉCILE, fort inquiète pour sa beauté, prit du chagrin, et, par ses impatiences, s'aigrit le sang.

Qu'arriva-t-il? JOSÉPHINE, patiente, n'eut qu'une petite vérole bénigne, et guérit sans en être marquée au visage; mais CÉCILE, agitée, fut bien plus malade, et en resta entièrement défigurée. Elle avoit des cicatrices sur le nez et les joues; ses yeux étoient bordés de rouge. Elle entendoit dire de tous côtés : *Oh! qu'elle est laide!* Son humeur devint chagrine; et, comme elle n'avoit pas l'habitude de l'application ni du travail, elle ne savoit comment passer son tems, et s'ennuyoit beaucoup. En avançant en âge, elle ne devint que plus paresseuse et plus embarrassée de sa personne; elle n'avoit rien qui pût la rendre intéressante dans sa disgrace.

JOSÉPHINE, au contraire, par son goût pour le travail, pour l'instruction, et par ses complaisances, se perfectionna, mérita l'estime des honnêtes gens, fut recherchée dans les sociétés, et vécut honorée et heureuse.

VIII. LE BON FILS.

8. Une pauvre veuve, nommée LOQUET, avoit un fils âgé de dix-huit ans, qui aimoit bien sa mère et faisoit sa consolation. Elle tomba malade; et, comme elle ne pouvoit plus travailler, elle eut bientôt dépensé le peu d'argent qu'elle avoit gagné. Le fils, très-sensible aux souffrances de cette mère, imagina un moyen de lui procurer du secours. Il avoit reçu de la nature de superbes cheveux blonds; et plusieurs fois il avoit entendu des personnes lui envier cet ornement pour en faire leur parure. *Ah!* dit-il en lui-même, *puisque ma mère est dans le besoin, je suis trop heureux d'avoir quelque chose à sacrifier pour la secourir.* Il court chez un perruquier, lui offre sa chevelure, en débat le prix, convient pour une pistole, se fait couper, sans regret, ses beaux cheveux, reçoit l'argent, et tout joyeux, l'apporte à sa mère.

Lorsqu'il lui eut tout conté, cette tendre mère, pénétrée du bon cœur de son fils, l'embrassa en pleurant de joie, et lui dit: Si je meurs, ce ne sera pas sans consolation, ni sans l'espoir que Dieu récompensera ton amour pour ta mère, et le sacrifice généreux que tu viens de lui faire. La maladie de la veuve LOQUET devint plus grave; elle mourut, en jetant un dernier regard d'attendrissement et de consolation sur son fils; et la belle action de ce digne enfant ayant été publiée en l'an sept, un généreux citoyen s'est empressé de l'adopter et de lui procurer une bonne éducation.

IX. *La petite fille ingénieuse.*

Une petite fille, un peu étourdie, mais spirituelle, fut envoyée par sa mère chercher du feu. Elle court chez un docteur du voisinage qui avoit coutume de la bien accueillir. Elle entre, et salue le docteur occupé de ses livres. Le docteur, la regardant, lui demande ce qu'elle veut; elle repond qu'elle vient chercher du feu; mais lui voyant les mains vuides, il lui dit: *comment ferez-vous, ma petite amie, vous n'avez rien pour emporter du feu.* La petite, surprise d'avoir oublié le sabot destiné à cet usage, resta un instant interdite, puis elle dit: *Ah! c'est vrai, j'ai oublié le sabot!* Mais se reprenant aussitôt, *eh bien*, dit-elle, *n'ai-je pas ma main! — Mais vous vous brûlerez. — Ah que je sais bien, monsieur, comment m'y prendre! — Comment donc? car le feu brûle. — Vous allez voir.*

La petite fille se mit aussi-tôt à répandre de la cendre froide dans sa main gauche et à l'en couvrir d'un lit assez épais; puis avec les pincettes elle pose là-dessus quelques charbons ardens, et se tournant ensuite vers le docteur, avec un air moitié modeste et moitié triomphant, elle dit: *vous voyez bien, monsieur, que le feu ne me brûlera pas.* Le docteur, admirant l'intelligence de la petite, jeta son livre sur la table, et dit: *Eh bien! avec tous mes livres et ma science, je n'aurois pas su en faire autant.*

---

x. *Reparties et traits divers.*

1. Un évêque demandoit au jeune duc de Vermandois quel âge il avoit? — *Cinq ans*, lui répond le jeune prince. — *Montrez-les moi; car*, ajouta l'évêque, *on peut montrer ce qu'on a.* — Montrez-moi les vôtres, et je vous montrerai les miens.

2. Le duc du Maine encore enfant, faisoit un jour beaucoup de bruit en jouant. Le prince de Condé, célèbre par ses exploits guerriers, se trouvant dans l'appartement, se plaignit de ce bruit. *Plût à Dieu*, dit l'enfant, *que j'en fisse autant que vous.*

3. Un enfant d'un esprit réfléchi, à qui l'on faisoit répéter le catéchisme, répondit à la question *où est Dieu?* en disant: *je vous répondrai quand vous m'aurez dit où il n'est pas.*

4. Un curé de campagne, grondant une troupe d'enfans qui s'amusoient devant l'église, les traita de petits ignorans qui perdoient leur tems au lieu d'étudier leur catéchisme. *Vous seriez embarrassé*, ajouta-t-il, *à la moindre question, par exemple, si je vous demandois:* combien y a-t-il de dieux? *Je le sais bien*, repartit un des plus malins, *il n'y a qu'un seul Dieu, et encore est-il bien mal servi.*

5. LOUIS XI, ayant établi sa résidence au château du Plessis-lez-Tours, descendit vers le soir dans les cuisines. Il y vit un jeune enfant, qui tournoit la broche, et qui avoit une physionomie prévenante. Le roi lui demanda d'où il étoit, qui il étoit et ce qu'il gagnoit. Le petit marmiton, qui ne reconnoissoit pas le roi, lui répondit d'un certain air délibéré: *Je suis de Berri, je m'appelle Etienne, marmiton de mon métier, et je gagne autant que le roi. Que gagne le roi, lui demanda* LOUIS*? Ses dépens*(1), reprit ETIENNE, *et moi les miens.* Cette réponse libre et ingénieuse lui valut les bonnes graces du roi, qui en fit par la suite un de ses valets de chambre.

6. Un enfant se vantoit d'avoir déjà lu beaucoup plus de livres qu'un autre enfant. Un homme de sens lui dit; mais en avez-vous plus retenu?

7. Un enfant déjà instruit, fut mené par son père, qui étoit jaloux de le faire paroître, dans une compagnie de gens de lettres; mais l'enfant écouta et garda le silence. Son père lui demanda en particulier pourquoi il ne s'étoit pas fait honneur de ce qu'il savoit. *Je craignois*, répondit-il, *que ces messieurs ne vinssent à m'interroger sur ce que je ne savois pas.*

---

(1) *Gagner ses dépens*, c'est apporter, par ses services, autant d'utilité que l'on coûte à nourrir et à payer.

9. Des pages avoient été condamnés, pour des tours de leur métier, à plusieurs jours de prison. Quand ils furent sortis, le prince leur demanda à quoi ils s'étoient occupés dans leur solitude. L'un répondit, aux mathématiques; l'autre, au dessin; un autre, au violon. Mais le quatrième ne disant rien, le prince le pressa de dire ce qu'il avoit fait dans sa prison. *J'ai appris*, dit-il, *à n'y plus retourner.*

10. BOILEAU le satirique, se trouvoit dans une compagnie où l'on vouloit faire briller les talens d'une jeune demoiselle. On la pria de danser, de chanter, de jouer du clavecin et de montrer ses dessins. Elle mit à tout cela beaucoup de complaisance et de graces. Chacun lui fit de grands complimens sur ses talens divers, qui cependant étoient des plus médiocres. BOILEAU ajouta d'un ton malin : *On vous a tout appris, mademoiselle, hormis à plaire . . . C'est pourtant ce que vous savez le mieux.*

ART. V. LECTURE DE VERS.

1. SUR LES VAINES FRAYEURS DES ENFANS.

EN faveur des petits enfans,
Je veux gronder les gouvernantes,
Qui, pour les rendre obéissans,
Leur font des peurs extravagantes,
Et qui, contentes du succès,
Les rendent peureux à jamais.

On leur fait peur du loup-garou,
On leur fait peur de la grand'-bête:
Le dragon va sortir du trou,
Qui, pour les avaler, s'apprête;
Enfin, ces petits malheureux,
N'ont que des monstres autour d'eux.

De là vient que, quand ils sont grands,
Ils ont peur par accoutumance;
De là vient que les objets blancs
La nuit mettent leur cœur en transe,
Et qu'effrayés des moindres bruits,
Ils les prennent pour des esprits.

L'on n'ose plus passer les nuits
Sans une escorte ou sans lumière;
L'on voudroit être au fond d'un puits,
Si-tôt qu'il tonne ou qu'il éclaire;
Et même, avec beaucoup de cœur,
On ne peut vaincre cette peur.

II. PLAISIR DE LA LECTURE.

Pour la première fois, quand je lis un bon livre,
C'est un nouvel ami, que je me plais à suivre ;
Et je relis après le livre que j'ai lu,
Comme j'aime à revoir un ami qui m'a plu.

François Neufchateau.

III. DE LA SOLITUDE.

Te crois-tu seul, pour être un solitaire ?
Non. Dieu te suit, t'entend, te regarde en tous lieux.
Crains qu'en ton cœur quelque honteux mystère
N'insulte à sa présence, et ne blesse ses yeux.

Du même.

IV. L'ENFANT ET LES FLEURS.

Moralité.

Un jeune enfant, dans un parterre,
Avide de cueillir des fleurs,
Dit en lui-même : il faut me satisfaire ;
Tout m'offre ici mille douceurs.
Voyant une rose vermeille,
Il voulut d'abord s'en saisir ;
Mais il ne vit point une abeille,
Dont l'aiguillon lui fit sentir,
Qu'il achetoit bien cher un si léger plaisir.

V. LA GRENOUILLE

Qui veut se faire aussi grosse que le bœuf.

Une grenouille vit un bœuf,
Qui lui sembla de belle taille.

Elle, qui n'étoit pas grosse en tout comme un œuf,
Envieuse, s'étend, et s'enfle, et se travaille,
Pour égaler l'animal en grosseur,
Disant : regardez-bien, ma sœur;
Est-ce assez? Dites-moi, n'y suis-je point encore?
Nenni. M'y voici donc? Point du tout. M'y voilà?
Vous n'en approchez. Point. La chétive pécore
S'enfla si bien, qu'elle creva.

De LA FONTAINE. (1)

VI. L'AGNEAU NOURRI PAR LA CHÈVRE.

FABLE DE *DUCERCEAU*.

UN pauvre agneau, par un sort déplorable,
De sa mère, en naissant, se vit abandonné.
Mais une chèvre charitable
Recueillit, allaita le pauvre infortuné,
Comme si d'elle il étoit né.
L'agneau reconnoissant, aux champs comme à l'étable,
La suivoit avec soin. Tu te trompes, Thibault,
Lui dit un chien, prends garde au poil et considère
La chèvre que tu suis ne fut jamais ta mère.
Je sais ce que je fais, répondit-il tout haut,
Je n'examine point comment ma mère est faite,
Ma véritable mère est celle qui m'allaite.

---

(1) *Nous ne donnons que cette fable de* LA FONTAINE, *parce que cet auteur est dans les mains de presque tous les lecteurs.*

VII. LE RAT ET LE RATON.

FABLE DE DUCERCEAU.

Un vieux rat au lit de la mort,
A son fils qui pleuroit et se lamentoit fort,
Pour testament tint ce langage :
Je te laisse, mon fils, assez ample héritage ;
De noix, fromage et de raisin
Tu trouveras plein magasin.
Jouis de mes travaux. Si tu veux être sage,
Quand tu vivrois cent ans encore et davantage,
Tu n'en verrois jamais la fin !
Mais prends garde à la friandise ;
C'est un écueil : les lardons gras
Presque toujours sont de la mort aux rats.
Fuis, n'en approche en nulle guise,
Sinon, je te le prophétise,
Pauvre raton, tu périras.
Le ciel te garde et t'en préserve !
Disant ces mots, il l'embrassa ;
Et dans le même instant le bon homme passa.
Le fils, maître des biens qu'avoit mis en réserve
Son cher papa défunt, d'abord s'en engraissa ;
Bientôt après, trouvant la chère trop bourgeoise,
De fromage et de noix enfin il se lassa.
Voilà donc mon galant qui s'écarte et qui croise
Sur tous les lieux des environs ;
Croque morceaux de lard, et les trouve fort bons.
Parbleu, se disoit-il, mon bon homme de père,
Avec ses rogatons, faisoit bien maigre chère.

Vive la guerre et les lardons.
Advint un jour que dans une souricière
Il découvrit, en battant le pays,
Morceau de lard des plus exquis.
Bon! dit-il, tu viendras en notre gibecière.
Le trou lui fut pourtant suspect, et lui fit peur;
J'ai même lu dans un fort bon auteur.
Qu'il recula quatre pas en arrière.
Mais le lardon, comme un fatal aimant,
Le forçoit, l'attiroit à lui si doucement,
Qu'après bien des façons, le pauvret s'en approche,
Et le flairant de près, y porte enfin les doigts :
La bassecule se décroche,
Et tombant, l'enferme dedans.
Le voilà pris, que va-t-il faire ?
Il en mourut a ce qu'on dit.
Le papa l'avoit bien prédit :
Avis, prédictions, qui ne servent de guère,
Quel fils ne se croit pas plus sage que son père ?

VIII. DESCRIPTION D'UN REPAS,

Extraite de la 3me. Satyre de BOILEAU.

.... CEPENDANT on apporte un potage,
Un coq y paroissoit en pompeux équipage,
Qui, changeant sur ce plat et d'état et de nom,
Par tous les conviés s'est appelé chapon.
Deux assiètes suivoient, dont l'une étoit ornée
D'une langue en ragoût de persil couronnée :
L'autre d'un godiveau tout brûlé par-dehors,
Dont un beurre gluant inondoit tous les bords;

On

On s'assied : mais d'abord notre troupe serrée
Tenoit à peine autour d'une table quarrée,
Où chacun, malgré soi, l'un sur l'autre porté,
Faisoit un tour à gauche, et mangeoit de côté.

Sur un lièvre flanqué de six poulets étiques,
S'élevoient trois lapins, animaux domestiques,
Qui, dès leur tendre enfance, élevés dans Paris,
Sentoient encore le chou, dont ils furent nourris.
Autour de cet amas de viandes entassées,
Régnoit un long cordon d'alouettes pressées;
Et, sur les bords du plat, six pigeons étalés
Présentoient pour renfort leurs squelettes brûlés.
A côté de ce plat paroissoient deux salades,
L'une de pourpier jaune, et l'autre d'herbes fades,
Dont l'huile de fort loin saisissoit l'odorat,
Et nageoit dans les flots de vinaigre rosat.

On a porté par-tout des verres à la ronde,
Où les doigts des laquais, dans la crasse tracés,
Témoignoient par écrit qu'on les avoit rincés.

Sur ce point, un jambon d'assez maigre apparence,
Arrive sous le nom de jambon de Mayence.
Un valet le portoit, marchant à pas comptés,
Comme un recteur suivi des quatre facultés.
Deux marmitons crasseux, revêtus de serviettes,
Lui servoient de massiers, et portoient deux assiettes,
L'une de champignons, avec des ris de veau,
Et l'autre de pois verts, qui se noyoient dans l'eau.
Le vin au plus muet fournissant des paroles,
Chacun a débité ses maximes frivoles,

Réglé les intérêts de chaque potentat,
Corrigé la police, et réformé l'état.

SUR DIEU ET SA LOI.

DE RACINE.

L'ÉTERNEL est son nom ; le monde est son ouvrage,
Il entend les soupirs de l'humble qu'on outrage,
Juge tous les mortels avec d'égales lois,
Et, du haut de son trône, interroge les rois.
Des plus fermes états la chûte épouvantable,
Quand il veut, n'est qu'un jeu de sa main redoutable.

☀

Celui qui met un frein à la fureur des flots,
Sait aussi des méchans arrêter les complots.
Soumis avec respect à sa volonté sainte,
Je crains Dieu, cher Abner, et n'ai point d'autre crainte.
Que le Seigneur est bon! que son joug est aimable!
Heureux, qui dès l'enfance en connoît la douceur!
Jeune peuple, courez à ce maître adorable.
Les biens les plus charmans n'ont rien de comparable
Aux torrens de plaisir qu'il répand dans un cœur.

☀

Le jour annonce au jour sa gloire et sa puissance;
Tout l'univers est plein de sa magnificence :
Chantons, publions ses bienfaits.
Il donne aux fleurs leur aimable peinture,
Il fait naître et mûrir les fruits,
Il leur dispense avec mesure,
Et la chaleur des jours et la fraîcheur des nuits.
Le champ qui les reçut, les rend avec usure.

Il commande au soleil d'animer la nature,
Et la lumière est un don de ses mains.
Mais sa loi sainte, sa loi pure
Est le plus riche don qu'il ait fait aux humains.
O divine, ô charmante loi!
Que de raison, que de douceur extrême,
D'engager à ce Dieu son amour et sa foi!

Dieu laissa-t-il jamais ses enfans au besoin?
Aux petits des oiseaux il donne la pâture,
Et sa bonté s'étend sur toute la nature.

***

O bienheureux mille fois,
L'enfant que le Seigneur aime,
Qui de bonne heure entend sa voix,
Et que Dieu daigne instruire lui-même!
Loin du monde élevé, de tous les dons des cieux
Il est orné dès sa naissance,
Et du méchant l'abord contagieux
N'altère point son innocence.

QUATRAINS DE PYBRAC*.

Avec le jour commence ta journée,
De l'Eternel le saint nom bénissant;
Le soir aussi ton labeur finissant,
Loue-le encore, & passe ainsi l'année.

Heureux qui met en Dieu son espérance,
Et qui l'invoque en sa prospérité,
Autant ou plus qu'en son adversité,
Et ne se fie en humaine assurance.

Ce que tu peux maintenant ne diffère
Au lendemain, comme le paresseux,
Et garde bien que tu ne sois de ceux
Qui par autrui font ce qu'ils pourroient faire.

De peu de bien nature se contente,
Et peu suffit pour vivre honnestement;
L'homme, ennemi de son contentement,
Plus a, & plus pour avoir se tourmente.

* *Ceux qui desireront de faire lire ces quatrains aux enfans, les aideront à connoître la valeur des lettres les plus difficiles.*

ART. VI. LECTURE

D'UN DISCOURS sur l'origine et les progrès des Sociétés, des Sciences et des Arts.

IL existoit à Philadelphie, il y a peu d'années, une négresse, agée de 116 ans. Elle se souvenoit d'avoir vu construire les premières maisons de cette ville; elle se plaisoit à le raconter. *Là*, disoit-elle, *où s'élève l'hôtel-de-ville, j'ai vu trois grands arbres, à l'ombre desquels on venoit se reposer.*

Il en a été ainsi, mon jeune ami, de la ville que vous habitez. Il fut un temps, où, à la place des maisons que vous voyez, il n'y en avoit pas une seule de bâtie. Ce n'étoit qu'une campagne sauvage, un vallon couvert d'arbres, de ronces, d'herbes et de marécages. La rivière, qui n'étoit point contenue dans un canal régulier, inondoit, dans ses crues, les terrains peu élevés, et y laissoit des eaux stagnantes. Le pays étoit le séjour ou plutôt le repaire des serpens, des insectes et des bêtes féroces.

Transportez-vous, en idée, au commencement du monde, où rien de ce que vous voyez n'étoit encore. Représentez-vous les premiers momens, où un Dieu puissant et bienfaisant créa les cieux et la terre, et disposa les germes des plantes et des animaux, destinés à se développer et à se succéder de générations en générations.

Vous savez que les ouvrages des hommes ne peuvent se faire sans dessein et sans intelligence. Un édifice, par exemple, ne peut être construit sans un plan conçu dans l'esprit d'un architecte, et sans un concert d'idées, de volontés et d'actions entre les ouvriers qui mettent à exécution toutes les parties de ce plan. Votre esprit, qui ne peut concevoir aucun effet sans cause, s'élève donc naturellement à l'idée d'un être suprême, intelligent et puissant, premier auteur des productions de la nature, qui sont infiniment plus admirables que les ouvrages des hommes. Tous les êtres que nous voyons, ne sont que les ministres de la providence de ce premier être, que nous appelons DIEU. C'est de lui que nous vient la lumière de la raison, qui nous le fait connoître, et le sentiment du cœur, qui nous le fait aimer et adorer.

Représentez-vous les premières familles des hommes se multipliant dans un même pays; elles y vécurent tant qu'elles y trouvèrent des subsistances assez abondantes. C'étoient des fruits que la terre, sans culture, produisoit çà et là, et que chacun alloit chercher. Mais, comme ces alimens simples n'étoient pas de toutes les saisons, ni faciles à garder, il arrivoit des temps où ils manquoient; alors on avoit recours à la chasse et à la pêche.

Les familles d'un pays, se multipliant, avoient plus de peine à trouver de quoi subsister. Pour ne pas s'affamer les uns les autres, on délibéra sur le parti à prendre dans cette nécessité. Une troupe de jeunes gens, sous la conduite d'un chef, se détacha, et alla fonder une colonie dans un autre pays qui parut le plus convenable au bonheur commun.

Les familles s'étendirent ainsi de pays en pays. Celles qui voulurent rester en grand nombre sur le même terrain, n'eurent de ressource que dans l'*industrie* et le *travail*, qui sont les enfans du besoin, et les sources les plus abondantes de la richesse et de la prospérité des nations.

Les uns s'appliquèrent à apprivoiser et à élever les animaux les plus doux et les plus utiles ; les autres à semer des graines, et à planter des arbres fruitiers : on fit des conventions et des lois pour assurer à chacun les fruits de ses travaux, ses propriétés et ses droits. Telle est l'origine des PEUPLES PASTEURS et des PEUPLES AGRICOLES.

Les cultivateurs eurent du blé et d'autres denrées en plus grande quantité qu'il ne leur en falloit pour vivre eux et leur famille. Ils offrirent de leur superflu à des hommes robustes des autres familles, à condition que ceux-ci les aideroient, comme ouvriers, soit domestiques, soit journaliers, dans les travaux les plus pénibles. Les bras laborieux se multipliant, les chefs de famille agricole entreprirent de nouveaux défrichemens : ils desséchèrent de bons terrains, et abattirent des bois. Quelques ouvriers imaginèrent des charrues, qui avançoient les labours bien mieux que la bèche ; et la découverte du fer, fournit des outils plus forts et plus solides que les premiers, qui étoient de bois ou de pierre.

Des maçons bâtirent des maisons plus commodes que

les anciennes cabanes; ils y ajoutèrent des greniers, des granges, des étables, des murs de clôture, etc.

Les fumiers des bestiaux qu'on élevoit, ayant été reconnus pour d'excellens engrais qui fertilisoient les terres, on réunit à la culture des champs le soin des bestiaux; et ce fut une nouvelle source de richesses.

Les propriétaires des terrains défrichés, ne pouvant pas les exploiter tous par eux-mêmes, ni par leurs ouvriers, songèrent à les confier à des gens laborieux, pour les faire valoir pendant un certain temps, ou pour toujours, moyennant une certaine part dans les revenus. C'est ainsi que s'établirent les métairies, les fermes, et les terres à rentes et à redevances.

Les classes de propriétaires non-cultivateurs, donnèrent lieu à plusieurs d'exercer des professions utiles, soit lucratives, soit généreuses. Les uns s'appliquèrent à des fabriques, les autres au commerce; d'autres à l'administration de la justice et des affaires publiques, ou à la défense du pays.

Les productions de la terre, et les produits des arts et métiers se multipliant, chaque propriétaire chercha à les échanger, ou à les vendre de la manière la plus avantageuse. On établit certains lieux où les vendeurs et les acheteurs se rendoient à certains jours. De-là les marchés et les foires, qui attirent un grand concours de monde.

Les débouchés avantageux des marchandises, excitèrent l'industrie; et ce fut à qui produiroit le plus des denrées et des ouvrages qui se débitoient bien. Les demandes provoquoient les travaux.

La ménagère faisoit, avec le lait de ses vaches, du beurre et des fromages; elle ramassoit les œufs de ses poules; elle élevoit des poulets, des canards, et venoit vendre ces objets aux marchés voisins, où elle espéroit un bon débit.

La prospérité de l'agriculture produisit un grand nombre de riches propriétaires non-cultivateurs. Plusieurs se réunirent dans des villes qu'ils fondèrent, et qu'ils enrichirent, en y dépensant les revenus de leurs terres cultivées. Ils y attirèrent ou y firent naître une multitude d'ouvriers, de marchands, d'artistes, de savans, etc., comme nous le voyons aujourd'hui.

Ces habitans laborieux s'occupent pour se servir les uns les autres. Chacun procure quelque jouissance à ceux qui veulent l'employer, moyennant des prix convenus, et réglés par la libre concurrence des gens de la même profession.

Ainsi les tailleurs font les habits des cordonniers et des autres habitans; et, à leur tour, les cordonniers font les souliers des tailleurs et de tous ceux qui en portent.

Remarquez comment les arts et les métiers sont dépendans les uns des autres. Par exemple, l'étoffe de laine la plus grossière, celle qui habille les plus simples journaliers, est le produit des travaux réunis d'une multitude prodigieuse de mains. Pour procurer ce modeste habit, il a fallu le berger, qui a élevé les brebis et les moutons; il a fallu le marchand de laine, le cardeur, la fileuse, le tisserand, le fouleur, le teinturier, le marchand d'étoffes, et le tailleur. Encore a-t-il fallu bien d'autres ouvriers, pour fournir la doublure et les poches de toile, les moules de bouton, le fil et les aiguilles. Et que n'a-t-il pas fallu d'ouvriers pour procurer au berger lui-même le premier instrument, les ciseaux avec lesquels il a tondu ses moutons ?

Considérez combien d'ouvriers et d'ouvrières sont occupés pour nos habillemens. Ce sont des fileuses en laine, en fil, etc.; des tricoteuses et des tisserands, qui en font toutes sortes d'étoffes ; des marchands en gros et en détail ; des tailleurs et des couturières ; des cordonniers, qui supposent des tanneurs, et des gantiers, qui supposent des mégissiers ; des chapeliers, des perruquiers, des marchandes de modes, etc.

Ce sont pour nos logemens et nos ameublemens, des maçons, des charpentiers, des couvreurs, des menuisiers, des serruriers, des vitriers, des tourneurs, des ébénistes, des chaudronniers, des potiers en étain et en terre, des couteliers, des orfèvres, etc.

Vous voyez, pour nos dépenses de bouche, des boulangers, des pâtissiers, des bouchers, des chaircutiers, des traiteurs, des marchands de vin, des aubergistes, des cafetiers, etc.

Vous voyez, pour les besoins de notre santé, des médecins, des chirurgiens, des apothicaires, des oculistes, des dentistes, etc.

Vous savez, qu'il y a, pour l'administration des affaires publiques, des magistrats, des chefs, des agens, des commis, des hommes de loi, des notaires, etc.; et, pour repousser les méchans, des gendarmes et des soldats, distribués en différens corps, sous des chefs subordonnés les uns aux autres.

Vous savez qu'il y a, pour les beaux arts et les sciences, des dessinateurs, des peintres, des musiciens, des gens de lettres, des mathématiciens, des astronomes, des naturalistes, des physiciens, des chimistes, etc. Il y a des maîtres dans tous les genres de sciences et de talens, pour l'instruction des enfans et des jeunes gens.

En appercevant, mon jeune ami, comment, dans la société, les hommes sont liés les uns aux autres, par des services mutuels, et méritent par-là divers dégrés de considération ; ne vous sentez-vous pas animé d'un noble desir d'être un jour capable, par votre instruction et par votre amour pour le travail, de remplir, avec honneur, une profession utile ?

CHAPITRE QUATRIÈME.

PRINCIPES DE LA LECTURE LATINE.

ART. Ier. *Des voyelles particulières au latin.*

1.° Le son *é*, *lenez*, s'écrit en latin par *e*, *æ*, *œ*; ô domine, *ô seigneur*; rosæ, *de la rose*; œconomiæ, *de l'économie.*

2.° Le son *è*, *le bonnet*, s'écrit par *e* placé devant une consonne, avec laquelle il fait une syllabe : examen ═ eg-zamène, *l'examen*; exceptio ═ èc-cèp-tio, *l'exception*; es ═ èsse, *tu es*; est ═ èsse-te, *il est.*

Lisez de même : arbores, *les arbres*; pecten, *le peigne*; sororem, *la sœur*; et ou &, qui rime à *fourchette*; leget, *il lira*; decet, *il convient.*

3.° Le son *o* s'écrit souvent par *u* et par *au*; 1.°, par *u* devant *m* et *n* : dominum ═ dominome, *le seigneur*; pungo ═ pongo, *je pique*; punctum ═ ponc tome, *un point.* 2.° Par *au* : autem ═ otème, *mais*; audio ═ odio, *j'écoute*; audiunt ═ odionte, qui rime à *honte*, *ils écoutent.*

Lisez ainsi : domum, qui rime à *homme*, *la maison*; fundum, *un fond*; truncum, *un tronc*; truncorum, *des troncs*; functionum, *des fonctions*. Et : aurum, *l'or*; taurum, *le taureau*; pauperum, *des pauvres*.

4.° Le son *ou*, le clou, s'écrivoit chez les Romains par *u*; et cette même lettre *u* se prononce encore *ou* chez les diverses nations de l'Europe, excepté la nôtre. Ainsi, pour nous la lettre *u* se prononce comme la finale du mot *bossu*. Unus = u-nu-sse, *un*, que les Romains prononçoient *ounousse*; uvam, une *grappe de raisin*.

Cependant l'*u* se prononce diversement chez nous, après *q* et *g*, comme on le verra à l'article des consonnes.

5.° Les voyelles nasales sont moins fréquentes dans le latin que dans le français. Elles s'écrivent aussi par deux lettres, savoir, une voyelle propre, *a*; *e* ou *i*; *o* ou *u*, et une consonne auxiliaire, *n* ou *m* : ansa, *une anse*; ambo, *tous deux*; Indus, *Indien*; imbutus, *imbu*; oncare, *braire*; onoria, *pluie d'orage*; nunc, *maintenant*; tunc, *alors*; hunc, *celui-ci*; cuncti, *tous*.

Souvent *in*, le raisin, s'écrit par *en* : ensis = insis, *l'épée*; legens = legins, *lisant*; legent = legint, *ils liront*.

Plus souvent encore *on*, le cochon, s'écrit par *un* : legunt = legont, *ils lisent*; uncia = oncia, *une once*; et umbo = onbo, *un bouclier*; umbra = onbra, *l'ombre*.

ART. II. *Des consonnes particulières au latin.*

C'est un principe général que les consonnes finales se prononcent en latin, et ne sont pas muettes, comme il arrive souvent en français.

Les consonnes finales, les plus fréquentes dans le latin, sont : m, s, t, r. Rosam, *la rose*, rosarum, *des roses*, rosas, *les roses*, rosis, *aux roses*; cantat, *il chante*, cantant, *ils chantent*, cantatur, *il est chanté*, cantor, *je suis chanté.*

Le latin n'a point, comme le français, le mouillé *ill*, la feuille; ni le *gn*, le peigne; ni le chuintant *ch*, la mouche.

Il y a quelques variations pour le son des lettres t, g et qu.

1.° Ill == i-le-le.

Ille, *celui-là*; illa, *celle-là*; illud, *cela*; illius, *de lui*; illi, *à lui*; illum, *lui*; illam, *elle*. Illis, *à eux*; illos, *eux*. Villa, *une maison de campagne*; tranquillus, *tranquille*; anguilla, *une anguille*.

2.° Gn == gue-ne.

Agnus == ag-nus, *l'agneau*; dignus == dig-nus, *digne*; magna, *grande*.

3.° Ch == q, c, K, la perruque.

Charitas == caritas, *la charité*; chimæra, *la chimère*; chirurgia, *la chirurgie*; chelidon, *une hirondelle*; chorda, *une corde*;

chorea, *un chœur de danse*; chlorion, *un loriot*; chlamys, *une casaque*.

4.° T = s, la bourse.

Lorsque *ti* est suivi d'une voyelle: gratia = gracia, *la grace*; mollities, *la mollesse*; martius, *de mars*; actio, *l'action*; tutiùs, *plus sûrement*.

Les mêmes exceptions que dans le français ont lieu ici (*voyez* 2e *partie*, *page* 60.). 1.°, Dans *sti*: quæstio, *une question*; bestia, *une bête*; indigestio, *une indigestion*. 2.°, *xti*: mixtio, *une mixtion*. 3.°, thi: Matthias, *Matthias*; thyasus, *danse à l'honneur de Bacchus*. 4.°, ti initial: tiara, *une tiare*; tiaratus, *portant la tiare*.

5.° Qu = K, KU et KOU.

L'*u* après le q, est 1.° tantôt muet: quos = cos, *que*; quorum = corome, *desquels*. Lisez de même, quod, *ce qui*, quot, *combien*; quomodò, *comment*; quoniam, *parce que*. 2.°, tantôt qu = KU: qui = KUI, *qui* ou *lequel*; que = KUÉ, *et*; quæ = KUÉ, *laquelle*. Lisez de même: quem, *que*; quibus, *auxquels*; quinque, *cinq*; 3.°, tantôt, qu = cou: quam = couame, *laquelle*; quas = couasse, *lesquelles*.

Lisez de même: quandò, *quand*; quantùm, *combien*, quanquam, *quoique*; quandiù, *tant que*.

ART. III. SYLLABAIRE LATIN.

Nous ne comprenons dans cet unique syllabaire que les syllabes propres au latin, et qui se prononcent autrement qu'en français.

Be = bé; eb = èb.
Cum = come; cen = cin.
Cæ = cé; cœ = cé.
Den = din; fun = fon.
Guo = go; gui = gu-i, gen = gin.
Len = lin; lum = lon.
Men = min; mun = mon, nun = non.
Pen = pin; pun = pon.
Qua = coua; quæ = cué; quid = cuid.
Quod = cod; quis = cuis; quas = couas.
Quibus = cuibus; quin *final* = qui-ne.
Sum = some; ten = tin; trun = tron.
(*Repétition des sons précédens*), be, eb, cum, cen, ca, den, guo, len, men, pen, qua.

ART. IV. TABLEAU

DE MOTS à lire d'après les principes et le Syllabaire.

1. é le nez.
e, æ, œ, è.
Benè, *bien.*
Bonæ, *les bonnes.*
Cœtus, *la compagnie.*
Cœna, *le souper.*
Dedere, *donner.*

Facere, *faire.*
Jucundè, *agréablement.*
Lætè, *joyeusement.*
Mæander, *le méandre, fl.*
Næniæ, *des bagatelles.*

Pœnæ, *les peines.*
Quærere, *chercher.*
2. e, le bonnet.
Ebrietas, *l'ivresse.*
Vulpes, *le renard.*
Fel, *du fiel.*
Mel, *du miel.*
Ferrum, *le fer.*
Bellum, *la guerre.*
Esse, *être.*
Errare, *errer.*
Terra, *la terre.*
Vermis, *un ver.*
3. u=o, les os.
Bonum, *le bien.*
Cœlum, *le ciel.*
Donum, *un don.*
Num, *est-ce que.*
Quùm, *comme.*
Sum, *je suis.*
4. En=in, *le raisin.*
Centum, *cent.*
Dens, *une dent.*
Gens, *une nation.*
Lentus, *lent.*
Mendax, *menteur.*
Mens, *l'esprit*
Sententia, *sentence.*
Venter, *le ventre.*
5. Un=on, *le cochon.*
Bibunt, *ils boivent.*
Biberunt, *ils ont bu.*
Condunt, *ils renferment.*
Dicunt, *ils disent.*
Fundunt, *ils répandent.*
Jungunt, *ils joignent.*
Plumbum, *le plomb.*
Unctio, *unction.*
Punctio, *une piqûre.*
Sunt, *ils sont.*
6. Ill=ile-le.
Illa, *celle-là.*
Illabilis, *qui ne tombe pas.*
Illecebra, *attrait.*
Illicò, *tout-à-coup.*
Illustris, *illustre.*
Ancilla, *une servante.*
Bacillum, *un petit bâton.*
Mille, *mille.*
Tranquillè, *tranquillement.*
Villicus, *un fermier.*
7. Ch=K, la perruque.
Chæronea, *Chéronée, ville.*
Chaldea, *la Chaldée.*
Character, *caractère.*
Charta, *du papier.*
Chelys, *une tortue.*

Chilias, *un millier.*
Christus, *le christ.*
Chronologia, *chronologie.*
Chrysalis, *une chrysalide.*

8. Ti = si.

Artium, *des arts.*
Balbutiunt, *ils balbutient.*
Cæcutio, *je deviens aveugle.*
Eloquentia, *l'éloquence.*
Justitia, *la justice.*
Lectio, *une leçon.*
Patientia, *la patience.*
Ratio, *la raison.*
Tertius, *le troisième.*
Vitium, *le vice.*

9. Gn = gue-ne.

Agnellus, *un petit agneau.*
Agnosco, *je reconnois.*
Benignus, *doux.*
Cognitus, *connu.*
Dignitas, *dignité.*
Lignum, *du bois.*
Ignarus, *ignorant.*
Ignis, *le feu.*
Ignominia, *ignominie.*
Pignus, *un gage.*
Pugnus, *le poing.*
Signum, *un signe.*
Tignum, *une poutre.*

10. Qu = K, cu, cou.

Quùm, *lorsque.*
Quoties, *combien de fois.*
Questus, *le gain.*
Querulus, *plaintif.*
Quique, *chacun.*
Quisquis, *quiconque.*
Quà, *par où.*
Quamvis, *quoique.*
Quacunque, *par tout où.*
Quinquagies *cinquante fois.*
Linquens, *laissant.*
Requies, *le repos,*
Liquiditas, *liquidité.*

11. Mélanges.

Alioquin, *autrement.*
Brundusium *Brindes, ville.*
Mecum, *avec moi.*
Vobiscum, *avec vous.*
Centrum, *le centre.*
Densus, *dense, épais.*
Dux, *un chef.*
Phrenesis, *la phrénesie.*
Phthisis, *desséche-*

ment du corps.
Gladium, *le glaive.*
Gliscens, *glissant.*
Gnavum, *vigoureux.*
Grex, *un troupeau.*
Juncus, *un jonc.*
Lumbi, *les lombes.*
Mensis, *un mois.*
Mundus, *le monde.*
Mungere, *moucher.*
Nuncius, *un envoyé.*
Nuncupare, *nommer.*
Nunquam, *jamais.*
Nox, *la nuit.*
Nuptiæ, *les noces.*
Palumba, *un ramier.*
Patiens, *qui souffre.*
Pauperies, *la pauvreté*
Plumbago, *plombagine.*
Pulcher, *beau.*
Pulchra, *belle.*
Pixis, *une boîte.*
Quadratum, *un quarré*
Quæstiuncula, *une petite question.*
Ranunculus, *une petite grenouille.*
Rationalis, *raisonnable.*
Raucus, *rauque.*
Recitatio, *la récitation.*
Rheuma, *du rhume.*
Saccharum, *du sucre.*
Sanguis, *le sang.*
Scabies, *la gale.*
Scelus, *le crime.*
Sceleratus, *scélérat.*
Scena, *scène de théâtre.*
Schola, *école.*
Scribere, *écrire.*
Secundus, *second.*
Segnis, *lâche.*
Species, *apparence.*
Sphæra, *une sphèr*
Stagnum, *un étang.*
Strenuum, *brave.*
Stultitia, *sottise.*
Tædium, *ennui.*
Tempus, *le temps.*
Thalamus, *un lit.*
Thesaurus, *trésor.*
Triginta, *trente.*
Ventus, *le vent.*
Ventrosus, *gros ventre*
Volucrum, *des oiseaux.*
Voluntas, *la volonté.*

DICTA INSIGNIA SEPTEM SAPIENTUM.

PAROLES REMARQUABLES SEPT DES SAGES.

Nemini, displicito, si potes.
A personne ne déplais, si tu peux.

Quidquid promiseris, facito citiùs.
Tout ce que tu auras promis, fais au plutôt.

Temperantiam exerce, voluptati ne sis
La tempérance exerce, au plaisir ne sois
deditus.
livré.

Audito multa, loquere pauca.
Ecoute beaucoup, parle peu.

Ne lingua præcurrat mentem.
Que non la langue aille avant l'esprit.

Verba tacenda ne proferas.
Les paroles à taire ne profère pas.

Quod tibi fieri non vis, alteri
Ce que à toi être fait tu ne veux pas, à un autre
ne feceris.
ne fais pas.

Mendaci homini non credimus.
Menteur à l'homme nous ne croyons pas.

Secretò amicos admone, lauda palam.
En secret les amis avertis, loue en public.

CHAPITRE CINQUIÈME.

DE LA LECTURE DES CHIFFRES.

Noms Français.	Chiffres. Romains.	Chiffres. Arabes.
Un	I.	1.
Deux	II.	2
Trois	III.	3
Quatre	IV.	4
Cinq	V.	5
Six	VI.	6
Sept	VII.	7
Huit	VIII.	8
Neuf	IX.	9
Dix	X.	10
Onze	XI.	11 *ou* dix un.
Douze	XII.	12. dix-deux.
Treize	XIII.	13. dix-trois.
Quatorze	XIV.	14. dix-quatre
Quinze	XV.	15. dix-cinq.
Seize	XVI.	16. dix-six.
Dix-sept	XVII.	17
Dxi-huit	XVIII.	18
Dix-neuf	XIX.	19
Vingt	XX.	20 *ou* 2 dixaines.
Trente	XXX.	30. 3 dixaines.

Noms Français.	*Chi. Ro.*		*Arabes.*
Quarante	XL	. 40 .	4 dixaines.
Cinquante	L	. 50 .	5 dixaines.
Soixante	LX	. 60 .	6 dixaines.
Soixante-dix . . .	LXX	. 70 .	7 dixaines.
Quatre-vingt . .	LXXX	. 80 .	8 dixaines.
Quatre-vingt-dix . .	XC	. 90 .	9 dixaines.
Cent	C	. 100 .	10 dixaines.
Cinq cents . . .	IↃ ou D	. 500 .	50 dixaines.
Mille . . CIↃ, ou . .	M	1000.	100 dixaines. ou 10 centaines.

NOMBRES

De deux chi.	*De trois chi.*	*De quatre chi.*
21	102	1002.
32	213	2345.
43	324	3456.
54	435	4567.
65	546	6789.
76	657	7890.
87	768	8901.
98	879	9812.
99	980	9923.

L

ÉPOQUES PRINCIPALES.

EVÉNEMENS	*Années avant J. C.*
Déluge	2999.
Menès, premier roi d'Egypte	2965.
Bélus, premier roi de Babylone	2640.
Sésostris, conquérant	1722.
Cécrops, fondateur d'Athènes	1582.
Cadmus enseigna l'art d'écrire	1519.
Prise de Troie	1282.
Temple de Salomon	1004.
Homère	900.
Romulus, fondateur de Rome	753.
Cyrus, conquérant	560.
Pythagore et Confucius	532.
Mort de Socrate	400.
Alexandre, conquérant	323.
Règne des Ptolomées	212.
Ruine de Carthage et de Corinthe	146.
Bataille d'Actium, ou fin de la république romaine	31.
	Années de J. C.
Ruine de Jérusalem	70.
Constantin	306.
Clovis	485.
Hégire, ou fuite de Mahomet	622.
Charlemagne	768.

Hugues-Capet . . . . 987.
1.re Croisade . . . . 1095.
Croisade de St.-Louis . . . . 1248.
Prise de Constantinople, invention de la boussole, de la poudre à canon, et de l'imprimerie, vers ... 1450.
Découverte du Cap de bonne Espérance . . . . 1461.
De l'Amérique . . . . 1492.
Henri IV . . . . 1590.
Louis XIV . . . . 1643.
Louis XV . . . . 1715.
Louis XVI . . . . 1774.
République française . . . . 1792.
Bonaparte, 1.er consul, l'an 8 . . . 1799.

FIN

DE LA TROISIÈME ET DERNIÈRE PARTIE.

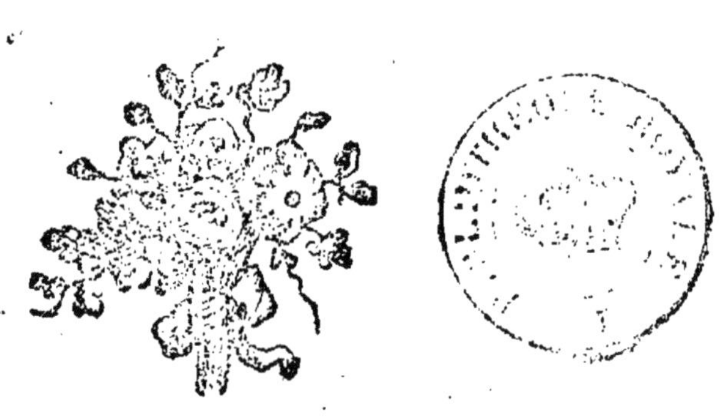

De l'Imprimerie de SOUDRY.

www.ingramcontent.com/pod-product-compliance
Ingram Content Group UK Ltd.
Pitfield, Milton Keynes, MK11 3LW, UK
UKHW020348230726
13925UKWH00003B/1019